아인수타인 보살의

아인슈타인에서
환생한
아인수타인이
我因受他因
알려주는
우주 법계와 인연

박재율 지음

반야심경 강설

북랩

시작하는 말

나 알버트 아인슈타인은 이 작가의 개명으로 아인수타인으로 다시 태어나 반야심경을 강설해 보려고 한다. 내가 인간 세상에 있을 때 불교를 알게 된 인연으로 이 작가의 초청을 받아 반야심경을 강설하게 될 줄이야 꿈엔들 생각한 적도 없는데 인연의 묘한 법을 어찌 예측할 수 있으리오. 우선 이름이 재미있고 의미심장하여 내 명성에 딱 걸맞은 것이라 생각하여 주저 없이 응하게 되었다. 아인수타인(我因受他因)이라. 이 얼마나 멋진 이름이냐. 아인은 내가 인이 되고, 타인은 내 아닌 다른 모든 것이 인이 된다는 뜻이며, 수는 받는다는 뜻이지만 준다는 뜻도 내포되어 있다. 주는 자가 없는데 어찌 받는 자가 있으랴. 그러므로 수는 주고받는다는 뜻을 가지고 있다. 주고받음은 동시에 일어나니, 이것이 바로 부처님이 최초로 설하신 인연법 즉 이것이 있으므로 저것이 있고 저것이 있으므로 이것이 있다는 진리의 말씀이다. 나와 남이 별개가 아니고 서로가 인연에 의하여 존재하는 것이므로 별개의 존재가 아니라 공존하는 유기적 관계라 말할 수 있으므로, 우리 모두 아인수타인적 존재라고 할 수 있다. 인연법은 이와 같이 인은 연이 되고 연은 인이 되어 상호 주고받음으로써, 끝없는 생성과 소멸이 이루어져 이 우주 법계가 무궁무진하게 이루어져 가고 이어져 간다. 그런데 인연법에 의하여 존재가 생기고, 존재는 그가 지은 인연 업보에 의하여 끝없는 육도 윤회를 하는데, 그러다 보니 고통이 생기게 되고 괴로워하게 되는 게 중생들의 삶의 실체다. 중생들의 괴로움과 고통을 단번에 벗어나게 해주는 신묘한 주문이 있으니, 그게 바로 부처님께서 관자재 보살을 시켜 말씀하신 반야

아인수타인 보살의 반야심경 강설

심경이다. 나 아인수타인 보살이 관자재 보살의 말씀을 현대적인 용어와 감각으로 그대들에게 전하고자 하니 잘 이해하고 숙지하여 주시기를 바라며 합장 배례 드린다.

차 례

아인수타인 보살의
반야심경 해설

관자재 보살이 깊은 반야 바라밀다를 행할 때 모든 존재하는 것들이 공과 다르지 아니함을 깨닫고 온갖 고통에서 벗어났느니라. 드브로이야 하이젠베르크야. 내가 일찍이 에너지가 물질과 다르지 아니하고 물질이 에너지와 다르지 아니하니 물질이 곧 에너지요 에너지가 곧 물질이라고 했지. 나의 이 말을 나중에 엉뚱하게 원자탄으로 증명하는 황당한 일을 저지르기도 하고, 원자력발전으로 인류의 삶에 지대한 공헌을 한 기술을 개발한 인류는 자연의 대단한 걸작품이지만, 원자력발전이 언제 원자탄이 될지 모

르는 불안을 머리에 이고 살아가는 이중적인 인간의
고뇌를 해결하기 위하여 우리들은 부처님의 법을 배
워야 하고 불법의 정수인 반야심경을 제대로 알아
야 한다. 공이란 에너지와 물질의 구분이 없어진 상
태 즉 에너지도 물질도 생기기 이전의 근원적인 본
질을 말하는 거란다. 이 우주의 모든 존재하는 것들
이 형상이 있든 없든 모두가 이와 같으니라. 드브로
이야 하이젠베르크야 이 공의 본모습은 생기는 것도
아니고 없어지는 것도 아니며 더럽거나 깨끗한 것도
아니고 더 생기거나 적어지는 것도 아니니라. 그러
므로 이 공에는 물질도 없고 에너지도 없고 우리의
감각기관도 없고 의식마저도 없고 무의식도 없고 아
는 것도 없고 모르는 것도 없고 늙음도 없고 죽음도
없고 도 닦는 것도 없고 얻을 것도 없지만 얻으려고
노력할 것도 없느니라. 그러하므로 보살은 반야 바
라밀다를 행하여 마음에 어떤 걸림도 없고 두려움도
없어서 마침내 헛된 온갖 몽상에서 벗어나 열반에
들게 되었느니라. 나만 그러한 경지에 이른 게 아니
고 삼세의 모든 부처님들도 반야 바라밀다를 닦아서

열반의 경지에 들었다. 그러하므로 반야 바라밀다는 신통하고 밝은 주문이며 견줄 바 없는 최고 최상의 주문이라서 모든 고통을 일거에 없애주는 참된 주문이란다. 내 이제 반야 바라밀다 주문을 말해 주마. 가테 가테 파라가테 파라 삼가테 보디 스바하. 드브로이야 하이젠베르크야 내 이제 하나하나 자세히 설명해 주마.

통일장 이론에 대하여

내 살아있을 때 통일장 이론을 완성하려고 온갖 노력을 기울인 걸 너희들도 알지. 그래도 끝을 맺지 못하고 죽음을 맞이했지. 죽음을 맞이해서야 비로소 결론을 낼 수 있었어. 죽으면서 한 말이 '통일장 이론이란 바로 불교에서 말하는 공이란다' 하고 내 고향 말로 했더니 돌봐주던 아주머니가 못 알아듣고 내말이 전해지지 않았다. 내가 죽었단 소식이 전해지자 기자들이 몰려와서 아주머니에게 물었지. 돌아가시면서 무슨 말씀이 없었냐고. 그랬더니 아주머니가 "돌아가실 때 독일어로 무어라고 하셨는데 제가 독

일어를 전혀 모르니 알아들을 수가 없었어요" 했지. 그래서 내가 죽을 때 한 마지막 말이 영원히 미궁에 빠졌다고 기록되어 있지. 지금 이렇게 너희 둘에게 그때 죽으면서 했던 말이 무엇이었는지 알려주는 거야. 지금도 학문적으로는 아직 통일장 이론이 완성되지 않고 있지. 끈 이론 더 나아가 초 끈 이론으로 설명하려고 노력들을 하고 있지만 아마 결론 내기 어려울 거야. 왜냐하면 너희들도 알다시피 미립자란 관찰하거나 추적하기가 어렵지. 파동인지 입자인지 어디에서 나타날지도 잘 모르고. 그래서 양자역학의 대가들도 도대체 뭐가 뭔지 모르겠다고 두 손 들고 떠나는 일도 벌어지고 있지. 나도 온갖 궁리를 다 해 봐도 결론을 내릴 수가 없었는데 불교를 알고 나서 공이 바로 통일장 이론이라는 걸 깨닫게 되었지. 통일장 이론이란 게 너희들도 알다시피 모든 힘 즉 강력, 약력, 전자기력, 중력을 단 하나의 힘으로 통일해서 설명하는 거지. 힘의 크기가 각각 다르고 성질이 다른 걸 하나로 설명해내려니 도대체 될 턱이 없었는데, 억지로 만들어 본다고 고생만 하고 끝내 만들지 못하고 죽게 되었는데, 죽으면서 문득 떠오르는 생각이 아 그렇구나 불교에서 말하는 공이 바로 통일장이로구나 하는 생각에 내 고향 말로 중얼거리다가 숨을 거두고, 이렇게 내세에서 보살이 되어 사람들에게 알리려 이 작가의 입을 빌려 말하고자 하네.

공이란 무엇인가

우선 공이란 무엇인지 정의부터 말해야겠지. 서양 학문은 워낙 정의부터 하고 증명하고 검정하고 실험하고 여러 확인 과정을 거쳐야 인정을 받게 되니 일단 무엇이라고 정의를 내려야겠지. 통일장 이론에서 장이란 말을 사용하지. 중력장, 전자기장, 약력장, 강력장 이 네 종류의 장을 합쳐서 하나의 장으로 설명하고 증명하려고 시도한 게 통일장 이론이었지. 내 이제 상대성이론에서 발표한 공식 즉 E = mc²으로 공을 설명해 보겠다. 상대성 이론에서는 E 는 energy이고 m은 mass이며 c는 광속도이지만, 공을 설명하는 여기에서는 E는 Emptyness 즉 공이고 m은 material 즉 공에서부터 생성된 색의 세계 즉 물질의 세계 바로 이 화엄세계이며 c는 concept인데 마음 즉 관념으로서 일체유심조라고 할 때의 마음이므로, 공에서 마음에 의해 이 우주 법계가 생성되었다고 하니 이만하면 공의 설명에 딱 들어맞아서 통일장 이론이 완성된 것이라고 말할 수 있겠지. 왜냐하면 공이 즉 통일장이기 때문이지. 공이란 네 종류의 장이 생기기 전의 상태를 말하는데 불교에서는 아무런 움직임이 없는 고요한 상태를 말하는 거야. 고요하지만 에너지로 꽉 찬 상태이며, 그러나 이름도 없고 모양도 없어서 우리의 감각이나 의식으로는 알 수 없으며, 오직 공이 되어야만 알 수 있는 경지라 하지. 그러므로 이 경지는 우리의 일반 과학적 지식이나 방법으로는 증명하고 검정하고 실험해볼 수 있는 그런 게 아니고 내가 공과 합일이 되어야만 알 수 있는 경지라는 거야. 아무것도 없다면서 나는 어떻게 있을 수 있고 그걸 어떻게 알 수 있느냐고 의문을 가지게 되겠지. 다시 말하지만 아무것도 없다는 것은

우리의 인식작용 때문에 생기는 분별력을 의미하는
것이지 공을 말하는 건 아니야. 공이 법계의 바탕이
고 통일장이니 공은 있는 거야. 불교에서는 참선을
해서 그 경지를 체득할 수 있다는 거야. 좀 더 네가
알기 쉽게 과학적인 해답은 뒤에서 설명하기로 하고
일단 공이란 어떠한 것인지만 알고 다음 이야기를
진행하기로 하자.

일체유심조의
현대 물리학적 의미

일체유심조란 모든 것은 마음이 지어내는 것에 지나
지 않는다는 의미이고, 이것은 통상 우리들이 자칫
모든 것은 생각하기 나름이란 오해를 일으키기 쉽
다. 내 마음대로 할 수 있다는 자신감이 도를 지나쳐
서 자만심을 불러 독재자가 되기도 하고 천방지축
날뛰다가 자멸하기도 하는 요인을 낳기도 한다. 생
각하기 나름이란 우리가 인식하는 거나 의식하는 것
이 실체와는 동떨어진 나의 인식이나 의식 속에서
이루어지는 작용에 지나지 않는다는 사실이다. 가
장 대표적인 이야기가 원효스님의 해골바가지 물이

다. 아무것도 보이지 않는 캄캄한 밤에 목이 말라서 마실 때는 아주 시원하고 맛있다고 생각한 물이 밝은 아침에 보니 해골에 고여 있는 물이라는 사실을 알았을 때 구역질 나서 토하다가 문득 깨달은 사실이 일체유심조가 이 경지구나 하고는 당나라 유학도 포기하고 인식에 관한 탐구를 하시어 해동 제일의 유식학 대가가 되어 대승기신론 소를 편찬하시게 되었다.

우리의 마음에서 일어나는 식에 대한 분석을 깊게 해 놓았는데 일반인의 경지론 도저히 이해하기 힘든 내용이 많다. 읽어도 무슨 뜻인지 도무지 모르겠으므로 나는 식에 관한한 포기해야겠어라는 말이 절로 나온다. 마치 양자역학의 대가 스티븐 와인버그 박사가 연구를 할수록 소립자의 정체를 알기 힘들어 "나는 이제부터 양자역학을 포기하겠어, 도대체 뭐가 뭔지 모르겠어" 했다는 말이 생각나게 한다. 와인버그 박사가 이 말을 하게 된 배경에는 소립자의 정체가 뭔지 연구하는 사람마다, 동일하다고 생각한 소립자의 형태와 질량이, 측정하는 사람마다 다르게 나타난다는 사실이야. 과학이란 여태까지의 정의는 누가 실험하든 측정하든 동일한 조건에서는 똑 같은 측정값이 나와야 하는 게 철칙이고 과학의 존재 조건인데 소립자 측정에는 이 법칙이 적용되지 않는 거야. 측정하는 사람마다 측정값이 다르게 나타나는 거야. 과학의 전제 조건이 무너진 거지. 그러니 와인버그가 환장할 노릇이고 원인 규명이 안 되니 머리를 싸매고 포기 선언을 한 거야. 와인버그가 몰랐던 게 뭐였을까. 그것은 바로 사람의 마음인 거지. 측정하는 사람의 마음이 소립자에 영향을 준다는 사실을 간과한 거야. 사람의 마음이 과학의 실험과 측정에 영향을 미치는 일은 여태까지의 상식으로는 생각도 못 했던 거지. 양자역학이 대두되기 전까지는 모든 실험과 관념이 뉴턴 역학적 관점에서만 이루어져 왔고 그것은 우리의 예상과 잘 맞아떨어져 왔기 때문에 조금도 의심하지 않고 믿어왔고 그 사실이 관념적으로 완전히 굳어졌기 때문이지. 그러다가 원자의 실체가 밝혀지고 연달아 소립자의 발견이 이어지며, 뉴턴역학으로는 설명이 되지 않아 창안해 낸

게 양자역학인 것은 드브로이 너도 알지. 사람들이 어렴풋이나마 물질의 기본단위인 게 원자라는 사실은 그리스 시대에도 원자설이 등장한 것을 보면 아주 오래된 개념인 걸 알 수 있지. 현대에 와서 과학이 발달하며 다시 원자설이 등장하고 많은 사람들이 연구하여 실체를 파악하고 실험하고 증명하여 오늘날의 양자역학이 정립된 거지만 파고들수록 연구할수록 그 실체는 오묘하여 완전한 해답을 내놓지 못하고 있지. 그러다가 동일한 실험의 측정값이 측정하는 사람마다 다 다르고 그 사실을 설명할 수 없으니 와인버거 박사가 두 손 들고 포기하겠다고 선언한 거지. 측정값이 측정하는 사람마다 다르다는 것은 사람의 마음이 다 다르다는 걸 의미하지. 마음이 에너지이고 파장이며 실체가 있다는 사실은 지금은 확실하게 증명되고 많은 시험들이 이루어지고 있지. 생각으로 움직이는 로봇이나 장난감도 등장하고 있고 곧 독심술 기계도 생길 전망인데 이것이 인공지능과 결합이 될 때를 생각하면 인류에게 축복된 기술이 될지 파멸의 전조가 될지 두려운 생각이 든다.

아무튼 이제 마음 즉 생각이 에너지라는 사실은 분명해졌으므로 내가 앞에서 말한 통일장 이론이 증명된 셈이다. 공에서 마음이 작용하여 색 즉 물질이 생겨나니 색즉시공이요 공즉시색인 것이다. 관측하는 사람마다 각각 다른 마음의 에너지를 인이라 하면 측정하는 대상은 연이 되므로 결국 인연에 의해 생성되는 결과물은 각각 다를 수밖에 없다는 사실이 반야심경의 핵심인 색 불이공이요 공 불이색이라는 부처님의 말씀을 현대의 양자역학이 증명한 셈이 된다. 이로써 일체유심조라는 말씀도 이해가 된다. 우리의 마음이 바위 덩어리를 만들 만큼 에너지가 크다면 바위도 만들 수 있겠지만, 보통의 사람들은 소립자에 영향을 줄 만큼밖에 되지 않기 때문에 마음먹은 대로 만들어 낼 수는 없겠지만, 그래도 오랫동안 염원하고 간절히 기도하면 이루어지기도 하니까 일체유심조란 말이 명맥을 유지하고 사람들에게 희망을 주고 있다.

나와 불교와의 인연

누구나 종교에 대해서 자기 나름대로의 선택을 하고 믿음을 가지고 있지. 태생적 종교, 모태신앙이라고도 하는 즉 부모의 종교에 자연적으로 따르는 종교와 자기가 선택해서 가지는 종교로 나눌 수 있지만, 이것 저것 여러 개의 종교를 골고루 섭렵하는 사람도 있고. 나는 기독교를 믿고 살았지만 다른 종교는 어떤지 궁금해서 여러 가지 종교를 다 접해 보았지. 그러다 보니 이 세상의 모든 종교는 교주와 신이 있고 교주와 신이 동일한 경우도 있고 따로인 경우도 있지만 딱 한 가지 공통점은 교주나 신이 절대적인 존재인 거야. 그 종교의 교주나 신이 만물을 창조하고 절대적인 권력을 가져서 자기 말을 꼭 따라야 하며 잘 따르면 잘살게 해주고 말 안 들으면 벌을 주는 아주 무서운 협박의 신이 대부분이었는데 딱 하나 예외적인 종교가 불교였어. 불교는 교주가 석가모니이지만 절대적인 신이 좌지우지하는 그러한 신은 없어. 불교에서는 이 우주의 만법을 깨달은 사람을 일컬어 부처라고 해. 그래서 불교에는 많은 부처가 있지. 석가모니 부처님뿐만 아니라 과거세에도 많은 부처님이 있었고 앞으로 올 미래세에도 수많은 부처님이 탄생하실 거란다. 누구나 수행해서 깨달음을 얻으면 부처가 될 수 있다니 자네들도 부처가 될 수 있는 거란다. 그러므로 불교에서는 자기 책임하에 살아가는 것이지 누가 누구를 상을 주거나 처벌하는 것은 아니라는 거야. 그래서 나는 앞으로 인지력이 향상될 21세기쯤에는 불교만이 유일하게 살아남을 종교라고 입바른 소릴 한 적이 있었지. 그런데 지금 생각해보니 너무 성급한 판단이고 무모한 생각이었네. 인간의 본성이 지적이지만은 아니라는 사실을 간과한 거야. 많은 사람들은 감성적이고 편안한 걸 좋아하고 의지심도 강하고 겁도 많기 때문에 절대적인 신을 믿는 사람들이 오히려 늘어나고 있네. 나는 부처의 교리에 크게 공감하여 사후에 이렇게 보살이 되었네. 보살은 아직 부처는 못 되었지만 많은 사람들에게 부처님의 말씀을 잘 설명해 줄 수는 있는 경지야. 이제부터 자네들에게 부처가 한 말씀과 이 우주의 참모습에 대하여 이야기해 줄까 하네. 부처님의 설법은 대기설법이라고 하는데 그것은 상대의 근기에 따라 설명하는 걸 말하는 거네. 그래야 사람들이 알아들을 수가 있으니까. 그래서 많은 설법이 존재하는 거야. 나도 너희들의 지식수준에 맞게 이야기를 진행하마.

불교란 어떤 것인가

불교란 2500여 년 전 인도의 가피라성에서 태어난 고타마 싣다르타라는 왕자가 인생의 가장 숙명적인 태어나고 늙어가고 병들고 죽어가는 괴로움을 벗어나는 길을 찾기 위해 집을 떠나 온갖 고행과 수행 끝에 마침내 깨달음을 얻어 부처가 되고 생의 괴로움을 해결하고 그 방법을 가르쳐 주신 것이 불교가 된 것이야. 불교란 부처님의 가르침이란 말이다. 무얼 가르쳤느냐 하면 이 우주의 실상을 가르쳐 주신 것이야. 그것은 부처가 깨달음을 얻은 순간 이 우주의 실상을 보시니, 모든 것은 인연에 의해서 생겨나고 인연에 의해서 변화 발전하고 없어지기도 하고 생기기도 하고, 즉 이것이 있으니까 저것도 있고 저것이 있으므로 이것도 생기고 이것이 없어지면 저것도 없어지고 저것이 없어지면 이것도 없어지고 서로서로 연기에 의해서 존재하는 걸 보시고 대중들에게 설하신 것이 바로 불교의 교리야. 연기법이라고도 하고 인과법이라고도 하고 인연법이라고도 한다. 내 이름을 연관 지어서 생각하면 더 쉽게 이해가 될 것이야. 我因 受 他因 즉 아인- 나라는 것은 수- 영향을 받는다 타인- 다른 것에 의해서. 아인 수 타인 나라는 것은 다른 것에 영향을 받고, 타인 수 아인 다른 것은 나에게 영향을 받고 곧 이것이 있으므로 저것이 있고 저것이 있으므로 이것도 있다. 서로서로 영향을 끼치면서 존재하는 것이지 홀로 존재하는 것은 아무것도 없다. 이것이 부처님의 가르침이야. 삶의 괴로움도 즐거움도 다 그냥 생기는 게 아니고 인연이 있으므로 생기는 것이니 인연의 실체를 바로 보고 그 인연을 제거하면 괴로움에서 벗어날 수 있다는 가르침을 펼친 거야. 우리 중생들의 괴로운 삶의 인연은

탐, 진, 치에서 일어나고 탐, 진, 치를 없애려면 계정
혜를 알아야 하고 팔정도를 실행하면 괴로움에서 벗
어나게 된다는 가르침이 불교의 교리야.

우주의 탄생

현대 물리학적 관점

현대 물리학이라 하면 대체적으로 우리들이 연구했던 양자역학, 양자물리학을 말하는 거지. 지금의 이 우주는 137억 2000만 년 전에 빅뱅이 일어나서 생긴 거라고 하지. 아주 작은 한 점에서 폭발이 일어나고, 폭발이 곧 에너지이고 빛이 생기니 상대성 이론대로 에너지가 곧 질량이니, 빛이 소립자를 만들고 소립자는 고온 고압에서 뭉치고 합쳐져서 더 큰 입자가 되어 양성자도 만들고 중성자도 생기고 전자가 달라붙어 원자가 되고, 점점 더 커져서 분자도 되

고 화합물이 되어 생명현상이 생겨 온갖 동식물이
생기고 지금의 지구도 되고 이 우주도 있게 됐다는
게 빅뱅 이론이지. 칼 세이건이 '코스모스'란 책에서
잘 설명해 놓았으니 한번 읽어 보시게.

중국의 우주관

이 우주는 아무것도 없는 무극에서 태극이 생기
고 태극이 음양으로 나누어지고 음양이 오행의 원
리에 따라 움직이면서 물질이 생기고 온갖 생명이
태어나서 이 우주가 탄생되었다는 거야. 중국은 이
원리를 성리학이란 학문으로 발전시켜서 국가 통치
의 이념으로 만들었다는 점에서 특이하지. 즉, 우주
는 질서이고 우주가 잘 운행되기 위해서는 질서가
중요하다고 하고 그러므로 구성원들은 각자가 지켜
야 할 위치와 의무와 책임이 있다고 강조하여 백성
들이 통치자에게 순종하도록 만들었다는 점이 놀라
운 이론이지. 각 나라마다 통치자들이 국민을 다스
리는 명목이야 다 있지. 인도에도 카스타 제도라는
것이 있었고.

불교의 우주관

이 우주의 모든 것은 공에서 나왔다는 게 불교의 우주관이야. 의상스님께서 지으신 법성게의 첫 구절을 보면 이 우주는 완전한 하나의 상이며 그것은 움직임이 없는 고요한 상태라는 거야. 이 상태 이 현상을 공이라고 하는데 우리의 언어나 생각으로는 알 수 없는 경지인 거지. 그런데 공에 머물러 있지 못하고 알 수 없는 미묘한 인연에 의해 이 우주가 탄생하게 된다고 했지. 좀 더 자세하게 알아보려면 이 작가가 쓴 '부처가 본 천지창조'를 읽어 봐. 현대 물리학적 관점으로 설명해 놓았으니 이해하기 쉬울 거야. 이 미묘한 인연 미묘한 계기는 설명하기 힘든 거야. 빅뱅에서도 왜 빅뱅이 일어났는지 설명을 못 하고 있고, 무극에서 왜 태극이 생겨났는지도 설명을 못 하고 있고. 묘한 인연에 의해서 생긴 이 우주는 그 순간부터 인연에 따라 이합집산이 일어나며 오온이 생기고 돌고 도는 끝없는 윤회를 하게 된다는 게 불교의 우주관이야. 그러면 지금부터 반야심경을 자세하게 설명하면서 불교의 우주관을 말해 주겠네.

아인수타인 보살의 반야심경 강설

반야심경은 관자재 보살이 부처님의 위신력을 빌어 사리자에게 말씀하신 내용을 말하는 거야. 관자재 보살은 어떤 분인지부터 알아보자. 관세음 보살이라 고도 하는데 관이란 본다는 뜻이고, 어떻게 보냐 하면 마음으로 본다는 뜻이야. 우리가 일반적으로 본다는 것은 우리의 눈으로 가시광선에 의한 빛의 파장에 따른 색깔을 보는 것을 말하는데 관세음보살의 눈은 마음의 눈으로 본다는 거야. 여기서 마음이란 우리들이 생각하는 지어내는 마음이 아니고 공에서 나오는 근원적인 마음을 뜻하는 거야. 일체유심조라고 할 때의 그 마음이란 말이다. 그렇게 본다는데 어떻게 보냐 하면 자유자재로 본다고 해서 관자재라고 하고, 소리도 본다고 해서 관세음이라고 한단다. 보통 사람들은 소리를 듣지만 관세음 보살은 소리를 본다는 말이야. 즉, 소리의 파장을 봐서 세상 사람들의 모든 이야기를 다 알아낸다니 대단한 능력을 가지고 계신 거야. 자 이제 반야심경을 한 단씩 잘라서 살펴보면서 설명을 해 보마.

관자재 보살 행 심 반야 바라밀다시 조견 오온 개 공 도 일체 고액

소리까지 보시는 능력이면 척 봐도 알 수 있을 텐데 확실하게 보시려고 행심하시면서 보신 거지. 행심이란 대충 보는 게 아니고 아주 깊게 본다는 의미이고, 반야는 지혜를 뜻하며, 바라밀다는 닦다 이루다 성취한다는 의미를 가지므로, 반야 바라밀다는 지혜와 하나가 된다는 의미로서, 그러한 상태에서 조견 해 보니, 그냥 봐도 잘 보실 텐데 조견까지 하신 거야. 조견이란 비추어 본다는 의미인데, 일반적인 빛 즉 전등이나 촛불로써 비추어 보는 게 아니고, 관세음보살의 마음의 빛 지혜의 빛으로 비추어 보신다는 것이지. 오온이란 다섯 가지 근원적인 존재 즉, 색 수 상 행 식을 말하는 것이고, 여기서 색은 우리의 몸을 이루는 물질적인 것 즉 형체를 말하는 것이며, 수 상 행 식은 마음작용을 말하는 거야. 수는 받아들이는 마음, 상은 형상을 만들어내는 마음, 행은 해야겠다는 마음, 식은 분별하는 마음을 말하는 거야. 여기서의 마음은 우주적 지혜의 마음이 아니고, 우리의 색에 붙어있는 색 때문에 색에 의지하여 일어나는 마음을 말하는 거란다. 개 공이란 모두가 공이란 뜻이고, 도는 건너버린다는 의미고, 일체는 모든 것들을 의미하며, 고액은 사람으로서 가지고 있는 온갖 고통과 어려움을 말하는 것이지. 지금 살펴본 한 단을 한 번에 말해 보면 관자재 보살이 지혜롭게 깊이 오온을 관찰해 보니 오온이 모두가 공이란 걸 알고 그동안 오온 때문에 일어났던 온갖 고통이라고 생각하는 것들에서 벗어나셨다.

여기서 보살과 공에 대해서 설명하고 넘어가야 다음 단을 이해하기 쉬울 터이니 이야기해 주마. 보살이란 보리살타를 줄인 말로서 인도말로 보디 사트바를 한문으로 번역한 말인데, 보디는 지혜 즉 깨달음을 말하고, 사트바는 행한다는 의미이므로 깨달음을 얻은 후에 봉사하는 사람을 말하는 거란다. 절에 다니는 우리 어머니들이나 할머니들을 절에서는 보살들이라고 부르는데 공감이 가는 호칭이고 합당한 생각이라고 여긴다. 그분들이 관세음 보살만큼 깊이 깨닫지야 못했겠지만 적어도 콩 심은 데 콩 나고 팥 심은 데 팥 나고, 선업공덕을 쌓으면 선과가 오고 악업악덕을 지으면 악과가 오는 인연법은 알고 있고, 남 돕는 일에 쓰라고 힘닿는 데까지 시주를 하기도 하고 직접 어려운 사람에게 도움도 베푸는 보시바라밀을 행하고 있으니 보살임에 틀림없다고 할 수 있다. 공이란 근원적인 존재를 의미하는데 사람들은 존재라면 무슨 형태를 생각하는데 불교에서는 사람들의 집착심과 의존심을 없애기 위하여 없는 것도 아니고 있는 것도 아닌 모호한 표현으로 공이라 했는데, 중국에 불교가 전파되면서 도교의 무극사상에 젖은 사람들이 무로 해석해서 공을 무로 오해하는 사람들이 지금도 많단다. 공은 무가 아니면 유냐, 만약에 유라면 부처님 가르침의 인연법과는 어떻게 되는가. 변하지 않는 것은 없다면 공도 변하는 것이냐 하며 따지는 사람도 많단다. 무라면 허무주의에 빠질 것이고 유라면 집착에 빠질 것이니 사람들에게 이해시키기가 참으로 어려운 것이라서 많은 비유법으로 설명해 왔단다. 가장 이해하기 쉬운 설명으로는 물에 비유하는 거란다. 공이 바닷물이라면 오온은 파도나 물거품이나 물방울에 비유하는 거지. 바람이라는 인연에 의하여 파도가 일어나면 물결 현상이 일어나서 물거품도 일어나고 물방울도 생기고 소리도 생기지만, 바람이 없어지면 물결도 물거품도 물방울도 물소리도 사라지고 잔잔한 바닷물이 본래대로 존재하는 것에 비유한 거란다. 현대 물리학에서도 진공에서 입자가 생겨나서 사라지는 현상을 관찰한 사람이 있지. 파인만이 발견한 현상이지. 입자는 생겨나서 운동하는 동안에 관찰되는 거지 운동을 안

하면 관찰할 수가 없지. 드브로이 너도 입자인지 파동인지 구분이 안 되니 입자도 되고 파동도 된다고 했었지. 하이젠베르크 너는 입자의 위치와 운동량을 동시에 나타내는 건 불가능하다고 했지. 입자가 나타나는 게 형상이 생기는 거고 입자가 없어지는 게 공으로 돌아가는 거고. 이 세상 모든 물질은 소립자들이 모여서 생기는 거라는 걸 양자역학을 아는 사람들은 다 아는 사실이지. 관자재 보살이 오온이 공이라 본 건 지금의 양자역학을 이미 당시에 다 알고 있었고 측정기구나 도구도 없이 그냥 봐서 알았다는 거니 얼마나 대단한 분이냐.

사리자 색불이공 공불이색 색즉시공 공즉시색 수상행식 역부여시

사리자란 누구인가 하면 부처님 제자 중에 제일 똑똑하고 법을 많이 알고 있었다고 해서 별명이 지혜제일 사리자라고도 하고, 인도말로 사아리 푸트라고도 하고, 사리불 또는 사리불 존자라고도 하지. 공을 알아들을 사람이 그 당시에는 아무도 없어 공에 대해서 설명하려니 관자재 보살께서 사리자를 택하신 거야. 나도 지금 내 말 잘 알아들을 사람이 드브로이 너와 하이젠베르크 너뿐이라서 불러온 거야. 색불이공이란 물질이 공과 다르지 않고, 공불이색이란 공이 물질과 다르지 않고, 색즉시공이란 물질이 바로 공이고, 공즉시색이란 공이 곧 물질이고, 수상행식 역부여시란 우리의 마음작용도 이와 똑같다라는 뜻이야. 한꺼번에 풀이하면 물질이 공과 다르지 않고 공이 물질과 다르지 아니하며 즉 공이 물질이고 물질이 곧 공이며 우리의 마음에 일어나는 작용도 공과 다르지 않다 는 거야. 내가 앞에서 물이 공이면 파도는 물질 즉 형체를 보이는 현상이라고 했지. 물이나 파도나 같은 공인데 잔잔한 바다의 물은 형태가 없고, 출렁대는 파도는 형태가 있다는 차이밖에 없지 같은 바탕이라는 거야. 어때 감이 와. 느낌이 오는 거야. 이해가 되는 거야. 관자재 보살처럼 보이지는 않겠지만 머리로는 이해가 되겠지.

사리자 시 제법공상 불생불멸 불구부정 부증불감

　사리자야 이와 같이 만물의 근본인 공은 본래부터 생겨난 것도 아니고 없어지는 것도 아니고 더럽다거나 정갈한 것도 아니고 더 늘어나거나 줄어지는 것도 아니란다. 공의 존재가 불생불멸이라니 얼마나 긴 시간 동안 있어 왔단 말인가. 불교에서의 시간 개념은 현대의 물리학에서도 생각하지 못하는 엄청난 것이란다. 천체 물리학자들이 계산한 우주의 나이는 빅뱅 이후 겨우 137억 2000만 년이라는데, 불교에서는 겁 단위의 시간을 이야기하는데 1겁의 시간을 56억 7000만 년이라는 사람도 있고, 불경에는 비유로 표현하기를 일 입방 유순(일 유순의 길이는 현재 단위로 약 8㎞ 정도) 크기의 바위에 일백 년에 한 번씩 선녀가 비단옷을 입고 내려와 한번 거닐고 가는데, 그 치맛자락에 스쳐서 그 큰 바위가 다 닳아 없어지는 세월이라 하기도 하고, 또 다른 비유에는 일 입방 유순의 창고에 겨자씨를 가득 채워 넣고 일백 년에 한 알씩 꺼내는데 그 겨자씨가 다 없어지기까지의 시간을 말하는 거래. 우리로서는 짐작도 할 수 없는 그 긴 시간도 아연할 따름인데 수억 겁 수백억 겁 수천억 겁을 말하니 그냥 무한대라고 생각하는 게 더 이해가 쉽겠다. 공은 그냥 있어 왔고 영원히 있을 것이고 그러니 사람들의 삶도 영원히 이어진다고 할 수 있지. 불교는 이렇게 긍정적이고 낙관적인 거라고 할 수 있다.

시고 공중무색 무수상행식 무안이비설신의

이와 같이 공이 되면 색이 사라지고 수상행식도 사라지고 눈 코 귀 혀 몸 생각도 다 사라진다. 앞에서 오온이 공이고 공이 오온이라고 정의했는데 다시 한 번 더 강조한 거지. 여기서 무란 없을 무 자를 써서 사람들이 자칫 없어지는 걸로 오해하기 쉬운데 없어지는 게 아니고 공으로 변한다는 뜻이야. 앞에서 물과 파도에 비유한 걸 생각해야 해.

무 색성향미촉법 무 안계내지 무의식계

색깔도 소리도 냄새도 맛도 촉감도 생각도 없고 본다는 의식도 없고 소리를 듣는 의식도 없고 냄새를 맡는 의식도 없고 맛을 느끼는 의식도 없으며 촉감을 느끼는 의식도 없으며 생각을 하는 의식도 없단다.

우리가 알고 느끼기 위해서는 우리의 감각기관이 있어야 하며 대상이 있어야 하며 그것을 식별하는 의식이 있어야 가능하다. 이 가운데에 어느 하나가 작동을 하지 않으면 우리는 대상을 알지 못한다. 예를 들면 무엇을 본다는 것은 눈이 있어야 하고 대상의 색깔이 있어야 하며 그것을 분별하는 의식이 있어야만 비로소 볼 수 있는 것이다. 소리나 냄새나 맛이나 촉감이나 생각이나 다 같이 기관과 대상과 인식이 함께 작동할 때만이 알 수 있는 것이다. 그런데 공에서는 이 육신도 공으로 되었을 뿐만 아니라 대상들도 또한 공으로 되고 의식도 공으로 되었다는 거야. 이 세상 모든 것이 원래의 바탕인 공이 되면 모든 대상도 다 공이 된다는 의미다.

무무명 역무무명진 내지 무노사 역무노사진

무명도 없고 무명이 다 함도 없고 또한 늙고 죽음
도 없고 늙고 죽음이 다 함도 없고. 부처님께서 인간
이 왜 고통에서 괴로워하는지 이유를 밝혀 주신 게
십이연기법이라고 하는데, 즉 열두 가지 원인에 의
해 괴로움이 일어나고 이것을 잘 알아 수행을 해서
하나하나 제거해 나가면 괴로움에서 벗어날 수 있
다고 가르치신 것인데, 열두 가지에 대해 설명해 주
면, 무명은 어리석다는 말이고, 행은 본능적인 행동
을 말하고, 식은 어렴풋이 느끼기 시작하는 인식의
첫 단계이고, 명색은 식이 뚜렷해져 자기를 인식하
는 것이며, 육입은 여섯 가지 감각기관이 생기는 것
이며, 촉은 감각기관을 통해 외부의 세계와 소통하
는 걸 말하며, 수는 감각기관을 통해 받아들이는 감
수 작용을 말하고, 애는 대상에서 애증을 느껴 애
는 좋아하고 증은 싫어하는 감정을 말하며, 취는 애
에 집착해서 가지고 싶은 욕망을 말하고, 유는 오감
에 의해 일어나는 모든 현상들이 공인 줄 모르고 실

재하는 것들이라고 생각하는 걸 말하고, 생은 영원히 살고 싶어 하는 것이고, 노사는 늙고 죽는 걸 말하는 거란다. 사람은 태어나서 이렇게 열두 가지 연기에 의해서 괴로운 게 인생이라는 걸 알고, 벗어나고 싶으면 거꾸로부터 하나하나 제거해 나가면 마지막에 무명 때문에 인생이 태어나고 괴로움을 당하는구나, 무명을 없애려면 공이 우리의 바탕이로구나, 하고 깨달으면 괴로움이 사라진다고 말씀하신 게 십이연기법이야. 더 자세히 알고 싶으면 불교 교리에 관한 책들이 많이 있으니 읽어 보거라.

무고집멸도 무지역무득 이무소득고

고집멸도도 없고 지혜도 없고 얻을 것도 없고 얻을 것이 없기 때문에.

고집멸도란 인생의 근원적인 문제인 괴로움이 무엇인지 자세히 파악하는 것을 말하며, 고집멸도를 실행하기 위해서는 팔정도 즉 여덟 가지 바른길을 닦아야만 된다는 부처님의 가르침을 말하는 것이야.

팔정도를 다 이루면 자연적으로 선정에 쉽게 도달할 수 있으므로 열반의 경지에 들면 즉 공의 경지에 들어가면 공에서는 고집멸도도 사라지고 지혜도 사라지고 그러므로 깨달음을 얻을 것도 없고 얻을 것이 아무것도 없기 때문에.

보리살타 의반야바라밀다 고심무가애

보살은 반야 바라밀다에 의지하여 마음에 걸림이 없어진다.

보살과 반야 바라밀다는 처음에 설명했으니 다시 살펴보고, 반야의 지혜를 가지게 되었으니 즉 공을 보게 되니 마음에 담아둘 게 하나도 없어지는 거다.

오온이 공한 걸 다 보았다고 했으니 마음도 없어졌으니 마음에 걸릴 게 있을 리 없다.

무가애고 무유공포 원리전도몽상 구경열반

마음에 걸림이 없으니 무서울 게 없고 뒤집어 보

앴던 꿈같은 생각을 멀리 떠나 열반의 경지에 들어가게 된다. 열반이란 고요한 경지 즉 공의 경지를 말하는 거란다. 우리들은 평소에 마음에 일어나는 온갖 잡다한 생각들에 갇혀 살아가고, 삶에 대한 막연한 공포심도 느끼지만, 공에서 보면 다 사라지고 없어지게 되니, 고요한 경지 아무런 동요가 없는 공의 경지 반야의 경지에 머물게 된다는 것이다.

삼세제불 의반야바라밀다 고득 아뇩다라삼약삼보리

삼세의 모든 부처님들이 이 반야 바라밀다에 의지하여 최고의 깨달음을 얻었느니라. 불교에서는 현세와 과거세와 미래세가 있다고 말한다. 현세는 누구나 존재함을 느끼고 알고 있으니 현세는 있는 게 틀림없고, 그러면 인연법에 의하여 현세가 그냥 있을 리 없으니 과거세가 있었을 것이고, 인연법에 따라 변해 가므로 당연히 미래세도 있을 것이다. 그래서 삼세라 하고 부처님들도 그때그때 계실 것이므로 삼세제불이라 하였고 앞에서도 반야 바라밀다에 의지하여 열반에 들어갔다고 했지. 열반이나 아뇩다라 삼약삼보리심이나 같은 말이야. 최고의 깨달음의 경지를 말하는 거야.

고지 반야바라밀다 시대신주 시대명주 시무상주 시무등등주 능제 일체고 진실불허

그러므로 반야 바라밀다는 이와 같이 크게 신비한 주문이며 밝은 주문이며 위 없는 최고의 높은 주문이며 어떠한 것과도 비교하거나 견줄 수 없는 주문이어서 능히 모든 괴로움을 없애며 진실하고 허망하지 않으므로 반야 바라밀다에 의지하여야 반야를 얻어야 하느니라.

고설 반야바라밀다주 즉설주왈 가테 가테 파라가테 파라삼가테 보디 스바하

그러므로 이제 반야 바라밀다 주문을 말하노니 바로 말하자면 이와 같다.

가세 가세 아주 가세 아주 바르게 건너가세 깨달음이여 찬란하여라.

여기서 주문은 진언이라고 하고 진언은 원래 번역하지 않고 자꾸 염송해서 마음으로 느낌이 오도록 하는 거지만 인도어를 하나하나 꼬치꼬치 따지자면 대략 위와 같이 번역해 본 거야. 가자고 한 것은 어디로 가자고 하느냐 하면 처음 시작할 때도 일체 고액이라고 했으니 도는 건너간다는 뜻이니, 즉 무명에서 명으로 어리석음에서 지혜로 오온에서 공으로 열반으로 아뇩다라삼약삼보리로 건너간다는 뜻이야. 보디는 보리 즉 깨달음이고 스바하는 찬탄하는 감탄사라고 한단다. 기독교에서 할렐루야 하는 거랑 비슷한 느낌으로 생각하면 된단다.

위와 같이 반야심경을 글자 그대로 해석하여 말해 주었다마는 조금 산만한 느낌이 들것 같아 요약해서 이야기해 주마.

관자재 보살께서 오온이 무엇인지 알기 위해서 깊은 반야 바라밀다를 행하여 살펴보니 오온이 공이고 공이 오온과 같음을 아시고 모든 고통과 고민과 궁금증이 다 없어져 버렸다. 공에서 보니 없어지는 것도 없고 새로 생기는 것도 없고 오온이 다 공하니 우리의 감각기관도 없고 감각의 대상도 없고 감각을 인식하는 작용도 없고 사성제 십이연기법도 없고 아무 얻을 것도 없으니 얻으려고 노력할 것도 없고 마음에 걸릴 것이 없으니 두려움도 없고 그리하여 마침내 일상적인 생각이 다 허망한 꿈같았다는 사실을 알고 마음이 고요한 경지에 이르러게 되었다. 이 경지에서 보니 삼세의 모든 부처님들도 다 이 반야 바라밀다를 행하시어 최고의 깨달음의 경지를 증득 하셨도다. 그러니 반야 바라밀다는 최고로 신통하고 밝고 이보다 더 높고 이와 견줄 수 있는 주문은 없도다. 이제 모든 고민과 고통과 괴로움을 다 없애주는 주문을 말하노니 주문은 다음과 같다. 가테 가테 파라가테 파라 삼가테 보디 스와하.

내 이제 드브로이와 하이젠베르크 너희들을 위하여 반야심경을 알아듣기 쉽도록 나름대로 열심히 설명했으니 이해했으리라 믿는다.

지금부터는 불교에 대해서 좀 더 공부를 시켜 줄 터이니 잘 들어보아라. 너희들이 잘 아는 양자물리학적인 관점에서 이야기를 진행해 보고자 한다. 그래야 잘 알아들을 수 있겠지. 반야심경은 공에 대해서 말했기 때문에 부처님 당시에는 이해할 수 있는 사람이 거의 없었고, 최초로 설하시는 것이므로 관자재 보살이 제일 똑똑한 제자, 지혜가 가장 뛰어난 사리자를 선택하여 가르쳐주는 형식을 취한 거야. 부처님께서 처음부터 반야심경을 설하셨으면 아무도 이해하지 못하고, 어쩌면 허무한 생각에 빠지게 되는 허망한 일이 벌어졌을지도 몰라. 아마 부처님의 첫 설법을 들은 다섯 비구에게도 처음부터 공을 말하셨으면 이해 못 해서 전법에 실패하고 말았을 거야. 반야심경을 잘 못 이해하면 부처님께서 애써 설명하신 사성제 십이연기법 팔정도도 다 소용없는 것처럼 보이고, 없어도 되는 것처럼 말해 놓았으니 말이야. 반야심경을 제대로 이해하려면 부처님의 인연법 즉 연기법을 알아듣고, 연기법을 설명하기 위해서 설하신 사성제 십이연기법 팔정도를 다

훤히 이해하고 난 후에라야 가능한 거란다. 부처님께서 처음 깨달음을 얻으신 후에 최초로 설하신 법문이 화엄경이야. 드라마틱한 이 세상이 화엄세계이고, 이 세상이 어떻게 생겨나고 어떻게 변해 가는지를 보시고 설명하신 게 화엄경인데, 이 경전의 진수를 추리고 엮어서 만든 게 의상스님이 지으신 법성게야. 여기에 보면 본래 아무 움직임도 없는 고요함에서 우리가 알 수 없는 미묘한 인연에 의해서 움직임이 일어나고 하나에서 시작하여 인연 따라 온갖 것이 생겨나고 화엄세계가 된다고 쓰여 있지. 자세히 알려면 이 저자가 지은 '부처가 본 천지창조'를 한번 읽어보면 알 수 있어. 부처님께서 화엄법계의 모든 현상이 다 인연 따라 일어나고 인연 따라 변하는 것을 보시고 인연법을 설하신 것이며, 부처님 당신께서 처음 출가할 때의 의문 즉, 생 노 병 사가 한꺼번에 다 해결된 것이지. 중생들에게 알기 쉽게 하나하나 짚어가며 가르치신 게 사성제 팔정도 십이연기법이야. 위에서 잠깐 언급했었지. 사성제는 고집멸도이고 고는 괴로움이 무엇인지 따져 보는 것이지.

가장 기본적인 고민은 생 노 병 사 즉 태어나고 늙고 병들어 고생하다가 죽는 것이고, 또 살아가면서 오욕 칠정에 시달리고 온갖 괴로움에 시달리면서 살아가는 게 인생인데, 이 걱정이 왜 생기는지 원인 파악을 하는 게 집인데, 살펴보니 우리의 마음속에 욕심내는 마음(탐심), 어리석은 마음(치심), 마음먹은 대로 안 된다고 성내는 마음(진심) 때문이라는 걸 알고, 이것을 없애는 방법이 멸인데 멸하는 방법을 자세히 설명하신 게 십이연기법이고, 십이연기의 최초 단계인 무명을 타파하기 위해서 팔정도를 닦아야 된다는 게 부처님께서 설하신 거야. 이 방법 이 말씀은 보통 사람들 즉 중생들이 알아듣기 쉽게 설하신 거야. 그런데 시간이 지나면서 제자들이 최초의 화엄세계가 일어나기 이전의 고요한 상태가 무엇이냐고 물었기 때문에 말씀해 주신 게 이 반야심경인 거야. 이제 반야심경이 태어난 배경은 대충 알아들었겠고 공이 무엇인지도 대강 감이 오겠지. 이제 공이 무얼 뜻하는지 여러 관점에서 살펴보도록 하겠다.

공과 깨달음에 대하여

공은 제법실상이라고 하며 이는 이 화엄법계의 본바탕을 의미하는데 공에서 이 법계가 생겨났음을 말하는 거지. 현대 물리학적으로 이야기하면 최초의 에너지 장을 의미하고 여기에서 최초의 소립자가 생겨서 소립자끼리 이합집산 해서 더 큰 입자가 되고 원자가 되고 분자가 되고 화합물이 되고 유전인자도 만들어지고 생명현상이 생기며 식물도 되고 동물도 되어 이 세상이 이루어진다는 게 우리가 알고 있는 과학적인 사실이지. 앞에서도 말했지만 동양에서는 음양으로 물질의 이합집산을 설명하고 성경에서는 야훼가 다 만들어 낸 것으로 설명하고 있지. 다 모두 근원적인 것은 있다는 걸 전제하고 세상을 설명하고 있음을 알 수 있지. 불교에서는 공이 만법의 바탕이라고 하고, 공을 알면 깨달음을 얻었다고 하는데, 이 안다는 게 참 많은 사람들이 많은 생각을 하게 만들고, 지금까지도 많은 주장이 끊이지 않고 이어지고 있지. 공에 들어가야 된다고 하는 사람, 공을 봐야 한다는 사람, 공을 이해하면 된다는 사람, 그래서 불교에서도 많은 분파가 생겨나는 원인이 된 거야. 크게는 소승불교 대승불교로 나누어서 이야기하고, 깨달음을 얻고 나서도 어떻게 해야 하느냐에 따라서 돈오돈수 돈오점수 점오점수를 이야기하며 서로가 자기들이 옳다고 주장하고 있으므로 아마 앞으로도 결론이 나지 않을 거야. 왜냐하면 사람마다 생각이 다 다르기 때문이겠지.

소승불교는 후대에 대승불교가 생기면서 만들어 낸 개념인데 본인만 깨달음을 얻은 후에 자기의 생노 병 사 문제가 다 해결되었으니 그로써 만족하고 혼자서 만족하게 살다가 죽고 마는 불자들의 집단을

이야기하는 것이고,

　대승불교는 본인이 깨달음을 얻은 후에 다른 사람들도 깨달음을 얻도록 도와주고, 또 한편으로 무명 중생들을 도와주고 보살펴 주는 마음을 가진 불자들을 말하며 이런 사람들을 보살이라고 한단다. 돈오돈수는 단박에 깨달음을 얻고 깨달음을 얻은 후에는 더 닦을 게 없으니 공부는 그만해도 되고 중생구제나 해야 된다는 사상을 말하는 것이고,

　돈오점수는 단박에 깨달음을 얻었지만 그래도 완전하지 못하다고 생각이 들어 공부를 더 계속해서 점점 더 깨달음을 얻어야 한다고 주장하는 사상을 말하는 것이고,

　점오점수는 공부를 계속해 나가야만이 점점 깨달음을 얻을 수 있다는 사상을 말하는 것이야. 보통 사람들의 생각은 이게 맞는 이론이라고 생각이 드는데, 선사들의 말씀은 그러면 그게 잡 생각의 모음에 지나지 않는 거라고 하고 깨달음은 단번에 확철대오하는 것이라고 주장한단다.

　대승불교의 선사들은 모두 돈오돈수를 주장하고

깨달음을 나타내는 오도송을 말씀들 하시고 글로도 표현했는데 난해하기가 이를 데 없어서 이것만 모아서 해설한 책도 많이 있지만 얼마나 제대로 해석했는지는 미지수야. 깨달음은 언어도단의 경지라고 하면서 말과 글로써 나타낸다는 것 자체가 모순인데 그렇다고 아무 말도 없이 꿀 먹은 벙어리 모양 꿀단지만 가리키고 있을 수도 없고 참으로 난감한 경지다. 그러고 보니 제자가 물으면 알아듣기 힘든 말씀을 하니 그래서 선사와의 대담을 선문답이라고 하고 여기서 나온 말이 일반사람들이 대화 도중 동문서답하면 선문답하냐고 말하기도 한단다. 그러면 깨달음이 무엇을 뜻하는지 살펴보자.

깨달음이란 무엇인가

깨달음이란 글자 그대로 모르던 사실을 알게 되는
걸 말하는 거다. 그러므로 우리는 살아가면서 순간
순간 많은 깨달음을 얻으며 살아간다. 비록 사소한
것이라도 모르고 있다가 알게 되는 순간 기쁨을 느
끼게 된다. 그런 면에서 산다는 것은 기쁨의 연속이
라고 하겠다. 일상의 사소한 깨달음도 이러하거늘
하물며 부처님이 깨달은 진리의 말씀을 들을 때의
기쁨은 어디에도 견줄 수 없는 큰 기쁨이다. 우리는
일상적인 삶에서 영원을 꿈꾸기도 하고 영원히 존재
하는 것처럼 느끼며 살아가고 있다. 그러나 부처님

께서는 이 세상에 변하지 않는 것은 아무것도 없다고 가르쳐 주신다. 제 혼자서 생기거나 존재하거나 없어지는 것은 아무것도 없고 인이 연을 만나거나 연이 인을 만나거나 해야 생기거나 존재하거나 없어지거나 한다. 즉, 아인 수 타인이요 타인 수 아인인 것이다. 이 모든 것이 생기거나 존재하거나 없어지는 것은 우리의 인식에서 그렇다는 것이지 사실은 변화의 한순간일 뿐이다. 그러므로 이 삶과 이 우주는 실체가 없고 인연에 의한 연속적인 변화의 과정일 따름이다.

그러하므로 생 노 병 사는 실체가 아니고 인연에 의한 변화의 한 순간이라는 걸 깨닫는다면 삶의 모든 어려움은 없는 거나 마찬가지다. 부처님께서는 더 나아가 오온이 공이라고 말씀하신다. 우리가 보고 듣고 먹고 마시고 냄새 맡고 만지고 생각하는 이 모든 것들이 공과 다르지 않고 바로 공이라고 하셨다. 현대 물리학에서도 이 세상 모든 것은 빅뱅 이전의 상태 즉 공에서 빅뱅이 일어나면서 빛이 생기고 빛에서 입자도 되고 그래서 지금의 이 우주가 생겨

난 걸 인정하고 있지. 앞에서 처음 말했든 우주관에
대한 걸 다시 살펴보기 바란다.

선사들의 깨달음에 대하여

선사들은 이 세상의 본바탕인 공에 대하여 관심이
많았고 공만 깨우치면 이 우주의 진리를 깨우친다
고 생각하여 도 닦는 법을 많이 개발하여 각자 깨달
음을 얻어서 오도송으로 그 경지를 나타내기도 하였
다. 깨달음의 경지는 오묘해서 말로써 글로써 나타
낼 수 없어서 언어도단의 경지라고 하는데, 아무 말
도 없을 수도 없고 표현하자니 말과 글이 될 수밖에
없는 자가당착의 경지라고 아니 할 수 없다. 공을 본
경지는 어떤 경지일까. 그기에 대하여 말씀하신 게
의상스님의 법성게 첫 구절에 나오는 법성원융 무이
상 제법부동 본래적이라고 하셨다. 아무 분별이 없
는 고요한 상태 즉 입자도 파장도 없는 상태가 공이
요 법성이라고 한다. 아무것도 없는 그곳에 오온도
없으니 어찌 보는 것이 있으랴. 의식이 없는 거기에
무슨 고통과 희열이 있으며 상락아정은 또 어디 있

단 말인가.

깨달음을 얻고 오도송을 읊으신 후 일상생활을 하시는데, 깨닫기 전에는 마음에 잡념이 벌떼처럼 생기다가 깨달음을 얻은 후에는 마음이 여여 하다고 하시면서 아무 걱정 근심 없이 생활하신다고 한다.

여기에 대해서 가장 실감나는 말씀을 하신 분이 증도가를 읊으신 영가현각스님이라고 생각한다. 증도가 첫 구절이 '군 불 견 절학무위 한도인 부제 망상 불 구진'이라고 하셨다. 그대는 아는가, 더 배울 게 없는 한가한 도인은 망상이 일어나도 애써 없애려고 하지도 않고 진리를 찾으려고 애쓰지도 않네.

이 한마디에 나도 한 깨침을 얻었네. 절학 무위 한 도인도 망상이 떠오르는구나 단지 망상을 망상이라고 알고 그 망상에 끌려다니지 않을 뿐 안 떠오르는 건 아니구나 하고.

개에게도 불성이 있는가

이 세상, 이 우주에 있는 두두물물이 모두 불성이 있다고 한다. 경전에 그렇게 쓰여 있다. 그래서 조주스님의 제자가 스님에게 물었다.

"스님, 개에게도 불성이 있습니까?" 하고 물으니 스님은 대뜸 "무"라고 대답했다. 제자가 "아니, 스님, 경전에 두두물물에 다 불성이 있다는데 어찌 개에게는 불성이 없단 말입니까?" 그래도 조주스님은 여전히 "무"라고 하신다. 그래서 생겨난 게 저 유명한 조주스님의 무자 화두다.

제자는 왜 스님이 무라고 하셨을까 경전에는 분명

히 개에게도 불성이 있다고 하는데 스님은 왜 없다고 말이 되지 않는 말씀을 하신 걸까 하고 밤낮으로 무자에만 매달려 골똘히 생각하고 생각하다가 어느 순간 깨달음을 얻었다고 전해진다. 조사선에서는 화두에 골몰하면 어느 순간 깨달음을 얻는다고 하고, 화두 즉 공안이라고도 하는데 그 개수가 무려 천칠백 개가 넘는다고 하니, 불교는 그야말로 이야기의 보고인 셈이지. 그러니까 삶의 보고라고도 할 수가 있다.

개에게는 불성이 있을까 없을까 한번 자세히 살펴보자. 우선 불성이란 무엇일까. 불성이란 부처의 성품이라고 말하는데 부처가 가지는 품성을 말하기도 하고 부처가 될 수 있는 바탕을 말하기도 하고 깨달음을 얻을 수 있는 성품을 말하기도 하지. 여기서 우리는 명확하게 구분해서 생각하지 않으면 개에게 왜 불성이 있다고 하는지 없다고 하는지에 대해 한없는 의문만 남게 된다. 불성이 있는 것과 불성을 아는 것은 별개로 봐야 이 물음에 답이 생긴다. 개에게도 분명히 불성이 있지만 개는 불성이 있다는 사실을 모른다. 불성이 있다는 사실을 알 수 있는 생명체는 적어도 인간 이상의 지능을 가져야 하며 또한 배우고 공부를 해야만 알게 되고 체득하게 되는 것이다. 그러므로 조주스님은 개에게 불성이 없다고 한 것이며 제자는 골똘히 생각하여 깨우치게 된 것이다. 개에게도 불성이 있지만 개의 지능 수준으로는 불성이 자기에게 있는지 모르는 것이다. 그러나 개도 인연 따라 업장 따라 윤회를 하다 보면 언젠가는 인간의 몸을 받아 불법을 아는 날이 올 것이므로 그때가 되면 불성을 알게 될 것이므로 개에게도 불성이 있다고 한 것이다.

그러면 세상의 두두물물이 다 불성이 있다는 것은 무슨 말이냐 나무에게도 돌멩이에게도 다 불성이 있다는 말이냐 하고 묻겠지. 여기서 부처님의 혜안에 아니 불안(佛眼)에 놀라지 않을 수 없다. 부처님은 우리를 구성하고 있는 이 오온이 공으로부터 나온 빛에서 시작하여 입자를 거쳐 원자 분자를 거쳐 화합물이 되고, 고분자를 거쳐 유전자가 이루어지고 생명체가 탄생되며 생명체는 온갖 먹이를 먹고 자라고 진화하여 인간이 되고, 인간은 나물도 먹고 돌도 먹고 즉 미네랄도 먹는다는 사실 그러니까 돌멩이도 비에 녹아 이온이 되어 몸에 흡수가 된다는 사실, 그러니까 돌멩이도 인연 따라 사람의 일부가 되어 깨달음을 얻어 불성을 알게 된다는 이야기다. 부처님은 현대 물리학을 불안으로 다 보신 것인데 다만 그 당시 사람들에게는 이야기해 봐야 아무도 이해할 사람이 없어 그 당시 사람들이 알 수 있는 법위 내에서 말씀하신 모음집이 불경인 것이야. 이제 개에게도 불성이 있다는 말씀을 이해하겠지.

인식이란 무엇인가 I

스님들이 마루에서 쉬고 있는데 구름 사이로 달이 나왔다가 들어갔다가 하니, 한 스님이 저기 구름이 흘러가는 걸 좀 보게 하니까 다른 스님이 아니 달이 흘러가는 거지 어디 구름이 가는 건가 한다. 서로가 달이 가니 구름이 가니 하고 패가 되어 다투는데 마침 큰스님이 지나가시길래 판단을 요청했더니 큰스님 왈 구름이 가는 것도 아니고 달이 가는 것도 아니고 그대들의 마음이 가는 걸세 하드란다. 누구의 인식이 옳은 것일까?

우리의 인식은 판단 기준에 따라 다르게 보여진다

는 사실을 잘 보여 주는 일례라고 하겠다. 달을 기준으로 보면 구름이 가는 것처럼 보이고, 구름을 기준으로 보면 달이 가는 것처럼 보이고 마음을 기준으로 보면 마음이 왔다 갔다 하는 것이다. 인식이란 같은 현상을 보고도 사람에 따라 다르게 보이기도 하고, 같은 사람이라도 상황에 따라 다르게 보이기도 하고 느끼게도 된다. 원효스님의 해골바가지 물 이야기가 대표적인 인식의 문제점을 제기해 주었다. 원효스님 당신께서 해골바가지 물을 마시고는 크게 느끼시고 깨달음이 와 인식에 대해서 공부를 많이 하시어 드디어 '대승기신론소'를 지으시고 사람의 마음, 인식, 깨달음에 대해서 가르침을 주셨다. '대승기신론'은 마명스님이 지으신 책인데, 이 스님을 인도 스님이라고도 하고 어떤 이는 중국 스님이라고도 하는데, 이 책이 생긴 이후에 대승불교가 확실히 자리 잡았다고 알려져 있다. 이 책은 너무 어려워 원효스님이 쉽게 설명해서 펴낸 책이 '대승기신론소'라는 것인데, 그래도 보통 사람이 이해하기에는 무척 어렵기는 매한가지 같아. 이 책에 식에 관한 말씀이 자세히 나와 있는데 여기서는 대략의 개념을 이야기해서 내가 말하고자 하는 전체 이야기의 이해에 도움을 줄 정도만 설명하겠다. 불교에서는 의식에 대해서 너무나 상세히 분류를 해서 현대의 분석심리학자들보다 훨씬 앞섰다고 할 수 있다. 정신분석학자들은 기껏해야 잠재의식까지만 논했는데 불교는 처음부터 그 이상의 의식세계를 말하고 있다. 오관에 의한 인식 즉 눈으로 보는 안식, 귀로 소리를 듣는 이식, 혀로 맛을 느끼는 설식, 코로 냄새를 맡는 비식, 몸으로 감각을 느끼는 신식과 머리로 생각을 하는 의식 이 여섯 가지 의식을 육식이라고 하고, 심리학에서 말하는 잠재의식을 불교에서는 제 칠식 일명 말라야식이라고 하고, 제 팔식은 아뢰야식이라고 하는데 윤회가 일어나는 원인이 이 아뢰야식 때문이라고도 한단다. 제 구식은 불보살의 의식세계이고 제 십 식이 불식(佛識)이라고 부처님의 의식경지라고 한다.

이렇게 많은 식들이 있다지만 한 가지 공통점은 의식을 하는 주체는 나라는 사실이다. 그래서 구름이 가고 달이 가고 마음이 흘러가는 것이다.

마음은 왜 생기는 걸까? 이것을 논하기 전에 현대의 양자역학적 개념으로 마음을 설명할 일이 생길 때 이해하기 쉽게 코딩과 알고리즘에 대하여 한번 살펴보고자 한다.

코딩과 알고리즘

코딩이란 말과 알고리즘이란 말이 요즈음 자주 지
면을 장식하고 있는데 대략적인 개념을 살펴보고자
한다. 나는 이 방면에서는 전문가가 아니므로 자세
한 설명은 하지 않고 일반인들도 이해하기 쉽게 개
념적으로 이야기하고자 한다. 코딩과 알고리즘은 사
실 우리들의 개념 속에는 예전부터 있어 왔겠지만,
컴퓨터가 생기고 나서 컴퓨터언어로 프로그래밍 하
던 게 지금은 코딩이란 말로 변하고, 인공지능이 등
장하고 나서 알고리즘이란 개념이 확실히 자리 잡게
된 것 같다. 코딩이란 한마디로 말하면 가르친다는

뜻이다. 컴퓨터가 알아듣게 작동하게 신호를 입력하는 것이 코딩하는 것이다. 말하자면 컴퓨터를 교육시키는 일이다. 알고리즘은 컴퓨터를 더 잘 가르쳐서 컴퓨터가 제 스스로 알아서 척척 하도록 프로그래밍 하는 걸 말한다.

사람도 태어나서는 본능밖에는 없는데 하나하나 정보가 입력되어 말도 하고 더 많은 교육에 의해 지능이 발달하여 온갖 것을 척척 하게 된다. 컴퓨터가 발달해서 인공지능이 된 거랑 어린아이가 어른이 되는 거랑 비교하면 별로 다를 게 없어 보인다. 그런 면에서 보면 사람이나 컴퓨터나 별반 다를 바 없다고 하겠다. 컴퓨터의 기억소자는 반도체이고 사람의 기억소자는 뇌세포이고, 공통점은 한두 개의 조직만으로는 아무 일도 할 수 없지만 많이 모여 정보를 주고받을 수 있을 정도로 커지면 기억도 하고 알고리즘이 생기게 되어 추론도 하게 된다는 점이다. 이와 같이 조직적인 일이 일어나는 것은 서로의 관계 속에서 일어나는 현상이라고 할 수 있다. 즉 인연의 주고받음이 상호 간에 코딩하는 거고 그 결과로서 생

기는 게 알고리즘이라고 하겠다. 자연의 진화 또한
이로써 설명할 수 있겠다.

진화는 어떻게 일어나는가

다윈은 자연의 선택에 의해서 진화가 일어난다고 이야기했다. 어떠한 생명이 태어나서 그 생명이 어떻게 자기를 유지 발전해 나가며 변화를 통해 진화해 나가는지를 관찰하고 연구해서 발표한 게 진화론이다. 애초에 생명이 어떻게 태어났는지에 대한 설명은 없다. 칼 세이건이 지은 '코스모스'에도 생명현상이 발현하는 설명은 없다. 빅뱅이 일어나고 입자에서 시작하여 생명이 탄생하기까지의 과정은 코스모스에서 잘 설명이 되어 있다. 최초의 생명체가 태어나서 진화를 하는 것은, 유전자의 변이에 의한 돌연

변이에 의해서 생명종이 다양해지고, 적자생존에 의해 종이 유지되고 환경에 적응하기 위해 진화가 이루어져 종의 유지 발전이 이어져 간다고 한다. 생명이 어떻게 환경에 적응하며 환경이 생명에 어떻게 영향을 미치는지에 대한 설명은 아직도 완전하고도 확실한 설명을 내놓지 못하고 있다. 한때는 용불용설이 인정을 받기도 했지만 지금은 그것은 틀린 주장으로 확정하고 있다.

나는 여기서 코딩과 알고리즘의 개념을 적용해서 어떻게 생명현상이 생겨나고 진화가 이루어져 왔는지를 설명해 보겠다.

입자의 결합에 의해서 저분자에서 고분자가 되고 유전자가 생겨서 생명이 탄생되는 모든 과정이 인과연에 의해서 일어난다고 이미 언급한 바 있다.

인연이란 관계이며 관계를 맺고 유지 발전 하는 일은 상호 정보 교환에 의해 일어난다. 이 정보 교환이 상호 간에 코딩으로 이어져서 더 큰 조직이 되고 기관이 되면서 알고리즘도 생기고 개체가 되면 완전한 알고리즘 체계가 잡혀서 자기증식을 하며 하나의 완전한 생명체가 되는 것이다. 세균에서부터 고등동물까지 생물학적인 측면에서 보면 다 같은 원리 즉 인과 연에 의한 상호 작용, 상호 코딩, 상호 알고리즘이 끊임없이 이루어져 가며 그 변화는 언제나 무상하게 한없이 발전해 나가는 게 생명현상이라고 할 수 있다. 정상적인 유전에서는 큰 변이가 없이 유전자 즉 알고리즘이 그대로 전수되지만, 돌연변이는 환경변화에 의했든 유전자 자신의 획기적 변화 때문이든 유전자가 크게 변화되고, 그에 따라서 알고리즘도 새로이 생성되어 새로운 개체가 생기게 된다. 돌연변이는 환경에 적응이 힘들어 소멸하는 게 유지되는 것보다 많아서 당대에 없어지는 게 많다고 한다. 운 좋게 환경에 적응이 잘된 개체는 유전을 계속하여 새 종이 탄생하게 된 것이 돌연변이의 실체다. 컴퓨터의 진화와 비교하면 거의 비슷하다고 볼 수 있겠다. 만물의 영장인 사람을 어떻게 컴퓨터에 비교할 수가 있겠냐고 하겠지만 원리야 같은 걸 어쩌겠는가. 인공지능이 지금처럼 기하급수적인 발전을 거듭하면 머잖아 사람과 유사한 인식도 하게 될 날

이 올 것이다. 그러면 만물의 영장이라고 하는 사람
은 어떠한지 살펴보자.

나는 어떤 존재인가

지금까지 수많은 사람들이 수많은 관점으로 설명해 왔고 앞으로도 끝없이 이어지는 주제이겠지만 불교적인 관점과 과학적인 관점으로 접근해 보고자 한다. 내가 태어나기 위해서는 부모가 존재해야 한다. 아버지의 정자가 있어야 하고 어머니의 난자가 있어야 한다. 아버지의 정자는 어디서 왔느냐 하면 아버지의 유전자 정보 알고리즘에 의하여 정자를 만들어 낼 능력을 가지고 있는데, 정자의 재료는 아버지가 잡수시는 음식물에서 왔고, 그 음식물은 여러 가지가 있겠지만 모두 고유한 알고리즘을 가진 생명체였고, 그것들은 다 자연에서 얻은 에너지 즉 물과 공기와 햇볕의 에너지에서 왔다. 어머니의 난자 역시 같은 경로로 생긴 것이다. 정자와 난자가 사랑이라는 인연으로 만나서 발생을 하는 알고리즘에 의하여 하나의 세포가 형성되고 증식이 되어 조직을 만들고 기관을 만들고 개체를 만들어 완전한 하나의 생명체가 되어가는 것이다. 이렇게 생명체가 되어가는 과정에서 탯줄을 통하여 어머니의 핏속의 영양을 받아 자라는 것이고, 이 영양분 역시 어머니가 계속해서 섭취하는 음식에서 온 것이다. 이렇게 자라는 이 과정은 순전히 생물학적인 알고리즘에 의해서 일어나는 현상일 뿐인데, 이 과정에서 어느 순간 나라고 하는 영혼이 깃들어 온전한 생명체로서의 역할을 하게 되는 것이다. 완전히 성숙한 개체가 되어 태어나는 순간의 나는 그저 살아가기 위한 본능만 작동하는 생명체에 지나지 않는다. 존재는 존재를 유지하고자 하는 욕망의 알고리즘을 가지고 있기 때문에 유지되고 발전해 나간다. 태어나자마자 숨을 쉬고 먹어야 하고 배설하고 잠을 자고 그러면서 날마다 자라간다. 배설물은 예전에 시골에서는 강아지의 먹이가 되기도 했으니 태어나자마자 나 또한 인연의 고리에 한 가닥 참여하게 되는 것이다. 이렇게 태어난 나는 나일 뿐 나라는 의식은 없다. 부모님이 이름을 지어서 불러주기 시작하고 그 이름을 들어가며 자라면서 그 이름이 나이고 나가 이름이라고 생각한다. 점점 자라면서 온갖 정보와 지식들이 머릿속에 자리 잡으면서 나라는 인식이 점점 확고해진다. 이렇게 형성된 나는 나를 유지 확장 하고자 하는 욕망에 의하여 세상에 적응하면서 한 생을 살아가다가 세월 따라 늙고 병들고 죽음을 맞이하는 게 나라는 존재다. 이 세상의 모든 존재는 다 이와 같은 과정을 거치면서 생멸을 거듭한다. 불교적인 관점으로 보나 과학적인 관점으로 보나 나라고 하는 이 존재는 모든 인연의 총체적 결과물에 지나지 않지 딱히 나라고 집어 말할 존재는 어디에도 없다. 어떤 사람은 나라는 존재를 세분해서, 실제의 나와 자기가 되고 싶은 나와 남이 보아주는 나의 세 종류의 나가 있다고 말하기도 한다마는, 실제의 나도 인연의 집합체이지 꼭 집어 이렇다고 말할 수 있는 존재도 아니고, 되고 싶은 나 역시 세월 따라 환경 따라 수시고 변하기 때문에 이 역시 콕 집어 말할 수 없고, 남이 보아주는 나 또한 보는 사람마다 나를 아는 사람마다 다 다르다. 여기에 재미있는 일화가 하나 있는데 소개하면, 독일의 철혈재상 비스마르크가 어느 날 사복 차림으로 거리를 걸어가는데 아무도 자기를 알아주는 사람이 없어서 너무나 서운하고 황당하였다고. 평소 제복을 입고 열변을 토하면 그렇게 열광을 하던 대중들이었는데 평복을 입으니 아무도 알아주는 이 없으니 그 서운한 마음이 짐작이 간다. 집에 돌아온 비스마르크가 제복을 쓰다듬으며 '네가 비스마르크로구나' 하였단다. 이와 같이 사람마다 모두 다 맺은 인연이 다 다르므로 각자 나에 대한 관념이 같을 리가 없다. 그러므로 아무리 나를 찾아봐도 어디에도 나라고 할 게 아무것도 없다. 그런데도 나를 내세우면서 나를 우선시하는 이 물건은 나라는 인식이 자리 잡고 있기 때문이다. 나라는 인식은 어디에서 왔느냐 하면 그것은 오감으로 받아들인 정보 즉 온갖 인연으로부

터 만들어진 것일 뿐 누가 만들어준 거나 쥐어준 게
아니다.

인식이란 무엇인가 II

옹고집전이나 홍길동전이나 서유기에는 복제인간이
등장한다. 우리 인간들이 한번쯤 꿈꾸어 보았던 막
연한 생각이 이제 곧 현실로 다가올 것 같다.

영화로도 여러 편 만들어졌지만, 나날이 반도체
용량이 커지고 코딩과 알고리즘의 기술이 발전하여
곧 인간의 뇌에서 기억을 빼내어 반도체 칩에 저장
하고 뇌에 칩을 심는 단계까지 연구가 진행되고 있
다고 한다. 앞으로 로봇을 실리콘으로 사람과 유사
하게 만들고 사람에서 빼낸 기억을 소자에 담아 머
리에 심어놓고 코딩과 알고리즘을 주입하면 나와 똑

같은 또 하나의 내가 탄생하여 옹고집전에서 보듯이 진짜 옹고집인지 가짜 옹고집인지 마누라도 구분 못 하는 그런 존재가 되는 거다. 벌써 인공지능에게 오관의 기능과 인식까지 가르친다고 신문에 가끔 나는 걸 보아 아마 수십 년 내에 인간과 구별이 어려운 인조인간을 만들어 낼 날이 오고야 말 것 같다. 인류의 축복이 될지 재앙이 될지는 그때 가 보아야 알겠지만. 이와 같이 내가 나를 인식하고 남과 사물을 인식하는 이 인식이란 무엇인지 앞의 반야심경 해설에서 잠깐 언급했지만 다시 한 번 자세히 살펴보자.

넓은 의미의 인식이란 상호 반응 상호 감응이라고 말할 수 있겠다. 예를 들면 사진 필름에 빛을 비추면 반응이 일어나는 것처럼 필름의 화학 물질 분자와 빛의 광자가 서로 인식하는 것이라 할 수 있다. 이와 같이 자연에서 일어나는 모든 현상은 다 상호 인식하여 일어나는 인연의 현상이라고 할 수 있다. 식물의 광합성 작용도 이와 같고 세균이나 미생물도 이와 같다.

점차 고등동물이 되면 오관이 생기면서 각각의 기

관에 따라 인식이 생기고 오관의 인식을 총체적으로 관할하고 인식하는 육식 즉 의식이 발달하여 나라는 확고한 인식을 가지게 된다. 일반적으로 인식을 말하면 우리 인간 기준의 의식 상태를 말하는 것이라고 할 수 있다. 앞에서도 이야기했듯이 우리의 의식은 여러 외적인 요인에 의해서 생성되고 저장되어 있어서 육식과 칠식을 넘나들면서 여러 가지 문제점들이 야기되기도 한다. 지킬 박사와 하이드처럼 이중인격자가 되기도 하고, 심지어는 다중인격이 드러나서 믿을 수 없는 인간이 되기도 한다. 때로는 착각이 일어나서 착시 환시도 일어나고 환청이 생기기도 한다. 이처럼 의식이란 여러 요인에 따라 변할 수가 있으므로 우리의 인식을 100% 믿을 수 있다고는 말할 수 없다. 그러면서도 우리 모두 나라는 인식을 가지고 내가 주인공이 되어서 살아간다. 내가 귀중한 존재라는 걸 알려 주려고 부처님은 태어나자마자 사방으로 일곱 걸음을 걸으시면서 하늘을 향해 땅을 향해 천상천하 유아독존이라고 외치셨다. 하늘과 땅 사이에 나라고 하는 존재는 오르지 귀하도다고. 존

재하는 모든 사람들에게 물어보라 나 아니라고 하는
사람이 있는지. 부처님은 모든 사람들이 다 존귀하
다고 하셨다. 혹자는 잘못 해석해 부처님 자기만 홀
로 존귀한 존재라고 하면서 아만심이 많다고 말하는
데 이는 대단히 잘못된 해석이고 부처님의 자비 평
등심을 모르고 한 말이다. 이처럼 부처님은 모든 사
람들이 나라는 존재와 나라는 인식을 가졌음을 인정
하고 설법을 하신 것이다. 비록 인간의 의식구조가
미흡함을 아시면서도.

영혼과 아뢰야식

사람에게는 영혼이 있다고 한다. 영혼이란 나라는
인식의 알파요 오메가이다. 영원히 있어왔고 영원히
존재하는 나라는 인식을 아뢰야식이라고 하는데 불
교에서는 이 식을 가지고 육도 윤회를 영원히 한다
고 한다. 그러므로 육도에 존재하는 모든 중생들도
영혼을 가지고 있는 것이다. 그러니까 사람으로 살
다가 죽어서 업에 따라 윤회를 하는데 개로 태어나
면 개로서 살아가게 되고, 앞에서 이야기했지만 개
에게도 불성은 있지만 의식수준이 낮아서 불성이 있
는 줄을 모르니까 수행도 할 수 없고 불성이 있음을

깨우치지 못하고 살아가다가 생명이 다하면 다시 아
뢰야식이 인도하는 데로 다른 생을 받아 윤회를 계
속하게 된다고 한다. 그러므로 영혼을 다른 말로 하
면 즉 식으로 말한다면 아뢰야식이라고 할 수 있다.
불교에서 제 팔식(아뢰야식)이라고 하는데 육식(의식)
칠식(잠재의식)보다 위에 있다고 높은 의식수준이 아
니고, 육도윤회를 하는 기본적인 의식을 말한다. 기
본적이며 본능적인 욕망의 집합체라고 할 수 있다.
그래야만 업에 따라 다음 생으로 태어날 때 자기의
존재를 유지 발전 시켜가며 살아갈 수 있기 때문이
다. 그러면 윤회는 무엇이며 어떻게 일어나는지 살
펴보자.

윤회란 무엇이며
왜 어떻게 일어나는가

윤회는 인연법의 극치라고 할 수 있다. 자기가 인연을 지은 대로 받게 되는 생의 변화가 윤회이기 때문이다. 윤회의 길은 여섯 가지가 있어 육도 윤회라고 하는데 지옥세상 아귀세상 축생세상 인간세상 아수라세상 천상세상을 말한다. 지옥은 죽지도 못하고 고통만 있는 그러한 세상을 말하는데, 다른 종교에서는 불지옥 하나만을 이야기하는데 불교에서는 많은 지옥이 있다고 한다. 악독한 업을 지은 영혼들이 자기들이 지은 업에 따라 불지옥 칼산지옥 혓바닥을 뽑는 지옥 등등 많이 준비되어 있다고 하니 그런 곳에 가지 않으려면 좋은 업을 지어야겠지. 아귀는 먹어도 먹어도 배가 고프고 마셔도 마셔도 끝없는 갈증을 느끼며 살아가는 곳인데 주로 끝없는 욕망을 주체 못해 나쁜 업을 지은 자들이 가는 곳이란다. 축생은 짐승 세계를 말하는데 짐승처럼 살았던 사람들이 태어나는 곳을 말하고, 인간 세상에 태어나는 것은 참으로 복 받은 삶이라고 한다. 불교에서는 인간의 몸으로 태어나기가 하늘의 별따기보다 어려운 맹귀우목이라고 한다. 맹귀우목이란 바다에 눈먼 거북이가 사는데 숨을 쉬기 위해 천년에 한번 물 위로 고개를 쳐드는데, 바다에 이리저리 떠다니는 구멍 뚫린 판자에 거북이 목이 꿰는 걸 말하는데, 침개상투만큼이나 이루기 어려운 확률을 말한다. 아수라 세상은 인간보다 약간 지능이 높지만 다투기 좋아하는 중생들이 모여서 허구한 날 다투고 싸움질하기만 한다고 한다. 살아가면서 논쟁을 좋아하는 게으른 중생들이 태어나는 곳이란다.

천상세계는 살아가면서 복덕을 많이 지은 사람들이 태어나는 곳으로 여기도 불교에서는 여섯 곳이나 있으며 각기 지은 업대로 좋은 곳을 찾아서 태어난다고 한다. 윤회의 세계를 크게 나누어서 여섯 가지의 생을 이야기하지만 사실 개로 태어나도 개의 생이 천태만상이다. 어떤 개는 주인 잘 만나서 애지중지 귀여움을 받고 살아가고 어떤 개는 보신탕용으로 사라지고 만다. 쥐도 시궁창에서 살아가는 놈이 있는가 하면 곡식창고에서 알곡만 먹으면서 살아가는 놈도 있다. 하물며 사람에 있어서는 말해서 무엇하랴. 배고픈 나라에 태어나 먹을 것 찾아 돌아다니며 힘겹게 사는가 하면, 먹을 게 풍부한 나라에 태어나 배부르게 사니까 재미를 추구하다 오락 도박 마약에 빠져 인생을 허송하는 인간들도 있고, 전쟁이 자주 일어나는 나라에 태어나 고생하며 살아가거나 곧장 죽게 되는 사람도 있다. 사람으로 태어나도 언제 어디서 어떤 환경에서 자라나 어떻게 살아가느냐에 따라 삶이 고달프기도 하고 행복하기도 하니, 인연으로 일어나는 업이 얼마나 무서운지 깨달아 과거생의 업이야 어쩔 수가 없지만, 현생의 업을 잘 지어야 현재도 보다 행복해질 수가 있고, 내생의 행복한 삶을 기대할 수가 있다. 전생이 궁금하면 현생의 나를 돌아보고, 내생이 궁금하면 현생의 내 삶을 살펴보라는 말이 있다. 인연의 업은 시간상의 차이는 약간씩 있을지언정 필연적으로 나타난다. 어떤 나쁜 일을 저지르면 사회법에 의하여 당장 처벌받을 거고, 만약 발각이 안 되는 죄악을 저질렀다면 다음 생에 그 업에 대한 갚음을 받고야 마는 게 윤회의 길이다. 윤회는 아뢰야식에 의해서 일어난다고 했지. 나쁜 행동에 의한 악업을 지으면 자기도 모르게 자기의 양심이 아뢰야식에 코딩을 하여 심어놓는 거지. 아뢰야식은 윤회의 기본의식이고 영혼이라고 했지. 본능 의식과 좋아하는 의식이 함께 있는 이 영혼은 육신을 떠나면 자기가 좋아하는 파장 즉 자기가 평소에 저질렀던 모든 행동과 의식의 파장들이 업장의 클라우드에 저장되어 있는 곳을 찾아가는 것이야. 모든 중생들의 삶에서 일어나는 모든 인연의 결과물인 업이 업장의 클라우드를 이루어 이 우주 법계에 저장되어 있는 것이 법이요 공이요, 그것이 인연에 의하여 나타나는 게 화엄세계이며 인연이고 업인 것이야. 예를 들어보면 사람의 영혼이 개에게 가는 경위를 설명하면, 개처럼 살았던 인간이 있었다면, 자기는 의식하지 못하는 어느 순간 의식을 넘어 잠재의식에 개가 좋아지는 코딩을 해 놓았고, 죽을 때 잠재의식에서 아뢰야식으로 건너가서 영혼으로 되어 육체를 떠나서 다음 생을 찾아서 여행길을 떠나는데 자기가 좋아하는 업장의 파장을 찾게 되는 거야. 가다가 보니 자기가 좋아하는 파장이 보여 그곳에 자리 잡으니 그게 바로 개의 몸인 거라. 개나 사람이나 무엇이거나 세포분열에는 영혼이 없고 단지 코딩과 알고리즘에 의하여 발생하고 증식할 뿐인데 어느 순간 영혼이 들어오면 그때부터 완전한 하나의 중생이 되는 거야. 여기에 확실한 대답을 한 사례가 있으니 알려 주마. 옛날에 한 선사가 있었는데 어느 날 제자가 스승에게 물었다. "스승님, 우리가 비록 채식을 하고 있지만 식물도 자라고 열매를 맺으며 열매가 다시 식물이 되니 생명이 있는 것이 분명한데 이것도 살생이 아닙니까?" 하고 물었다. 그러자 스승님께서 대답하시기를 "네 머리털은 자라지 않느냐?

너는 삭발을 할 때 머리털이 아프다고 하더냐? 삭발하면서 살생한다고 생각이 드느냐?" 하고 되물었다고 한다. 그러니까 육도 윤회를 할 정도의 중생이 아니면 일반적인 현대생물학적 생명현상은 고분자이며 생화학 분자인 덩어리가 자체 증식이나 번식하는 것은 모두 자체의 코딩에 의한 알고리즘에 의한 현상이라는 거야. 어떤 사람은 이 현상을 메카니즘(Mechanism) 현상이라고 설명하기도 하더라만.

그러니까 육도 윤회를 하는 중생이라도 영혼이 자리 잡지 않으면 하나의 알고리즘에 따라 일어나는 현상이라는 거야. 암캐가 수캐의 정자를 받아서 생명현상이 생겨도 영혼이 들어오기 전까지는 그냥 알고리즘적 현상일 뿐이라는 거지. 사람도 마찬가지이고.

부연 설명하느라 이야기가 약간 벗어났지만 다시 되돌아가서 이야기를 진행해 보자. 개 같은 생을 살다가 죽은 사람의 영혼이 개의 배 속에서 자라는 태에서 나오는 파장이 자기가 딱 좋아하는 것이라서 거기에 달라붙어서 자라서 태어나는 게 환생이고 육도 윤회의 길인 것이야. 다른 육도 윤회의 길도 다 같은 원리에 의해 끝없는 윤회의 길을 걷는 거야. 어느 누구도 벗어날 길 없는 이 우주 법계의 진리인 거야. 좋은 업을 지으면 좋은 곳에 태어나고 악한 업을 지으면 악한 곳에 태어난다. 콩 심으면 콩 나고 팥 심으면 팥 난다. 간혹 윤회를 증명하는 사건이 생기기도 하는데 전생을 기억하는 사람이 있는가 하면 누구나 한번쯤은 데자뷰(기시감)를 경험하기도 한다. 전생을 기억하는 사람도 전생의 극히 일부만 기억하는거지 전부를 기억하지는 못한다. 만약 전생을 다 기억한다면 헷갈려서 현생을 살아갈 수 없겠지. 그래서 죽을 때는 의식과 잠재의식을 다 버리고 아뢰야식만 가지고 윤회를 하는데, 간혹 잠재의식의 어느 한 부분이 아뢰야식에 묻어서 같이 길을 떠나면서 생기는 현상 때문에 전생의 일부를 기억하는 것이라고 해야겠지. 잠재의식은 의식과 아뢰야식의 중간에 있어서 가끔 문제를 일으켜서 본인이나 타인에게 곤란을 줄 때가 많이 생기기도 한다. 죽으면서 일부가 아뢰야식에 묻어 나가서 전생을 기억하게 하는가 하면, 현생에서는 의식으로 불쑥불쑥 튀어나와서 갑자기 다른 사람처럼 돌변하기도 하여 주위 사람들을 당혹하게 할 때가 있는가하면, 보통 일에는 정상적인 사고와 행동을 하다가도 어떤 특정한 사항의 일에 맞닥뜨리게 될 때는 전혀 다른 사고와 행동을 하기도 하는 게 다 잠재의식의 간섭 때문에 일어나는 일이 많아. 윤회가 왜 어떻게 일어나는지 이해하리라 믿고, 선업을 지으면 내생에 좋은 곳으로 태어난다니 선업을 짓는 삶을 논해 보자.

선업을 짓기 위한 삶의 태도

삶이란 무엇인가 하면 나라는 존재를 유지 발전 시켜 나가는 과정을 말한다. 존재를 유지하기 위해서는 먹어야 하고 발전해 나가기 위해서는 의식을 점차 확장해 나가야 한다. 이와 같이 하려면 매사에 인연을 짓게 되고 인연을 지으면서 업이 생기게 되는 것이다. 존재의 기본적인 숙명을 불교에서는 탐심 진심 치심이라고 하는데 이를 삼 독심이라고 하며 삼 독심을 잘 다스려야 악업을 짓지 않고 선업을 쌓게 된다고 한다. 탐심이란 욕심 즉 욕망을 말하며 사람에게는 다섯 가지가 있다고 하는데, 살아야겠다는 기본적인 욕망과 배불리 먹고 싶고 자손을 퍼뜨리고 싶고 안락을 취하고 싶어 하고 명예를 누리고 싶은 욕망을 말하는데, 다른 중생들도 기본적으로 앞의 네 가지는 공통적으로 가지고 있지만, 명예욕만은 인간만이 가지고 있는 삶과는 무관하고 없어도 되는 것인데, 이 허황된 욕심 때문에 인간 사회는 허구한 날 시끄럽기 그지없다. 대체적으로 짐승들은 본능에 충실하여 살기 위한 기본적인 욕망만 채우면 더 큰 욕심을 부리지 않는데, 사람들은 본능 이상의 과도한 욕심을 부리고 채우려고 들기 때문에 과업을 짓는다. 그래서 부처님께서는 팔정도를 설하시고 육 바라밀다를 닦으라고 말씀하셨다. 선사들은 마음을 비우라고 하고 무소유를 주장하기도 한다. 그러나 보통의 사람들은 앞에서도 언급했지만 태어나서 자라나는 동안 보고 듣고 배우면서 각자 나름대로의 의식구조를 가지고 판단하기 때문에 본인도 모르게 욕망의 노예가 되어 그 욕망을 충족하기 위해 많은 업을 짓게 된다. 조금이라도 덜 나쁜 삶을 살고 덜 나쁜 업장을 짓기 위해서는 부처님의 가르침을 배우고 실천하는 길밖에 없다. 부처님 말씀에 모르고 짓는 죄가 알고 짓는 죄보다 더 크고 나쁘다고 하셨다. 일반적인 상식과는 동떨어진 말씀 같지만 매우 옳은 말씀이다. 자기가 저지르는 행동이 죄악인 줄 모르면 그냥 습관적으로 자꾸 저지르게 되는 것이다. 죄악인 줄 알고 저지르면 사람에게는 양심이라는 게 있기 때문에 덜 저지르게 되는 것이다. 그러므로 우리는 내가 하는 이 행동과 생각이 올바른 것인지 나쁜 것인지를 판단할 수 있는 능력을 길러야 한다.

진심이란 성내는 마음을 말하는데 진심이 생기는 이유는 우리가 가지고 있는 칠정이 충족되지 않을 때 생겨난다고 한다. 칠정이란 기쁨을 누리고 싶은 마음 성내는 마음 슬픈 감정 즐거운 마음 사랑하고 사랑받고 싶은 마음 미워하는 마음 마음대로 하고 싶은 마음 즉, 희 노 애 낙 애 오 욕을 말한다. 이 또한 일반 중생들도 조금씩은 다 가지고 있는 감정이지만 유독 인간만이 절제할 수 없을 정도로 탐하고, 마음대로 안 될 때 진심 즉 성내는 마음을 주체 못 해 자기도 망치고 남도 못살게 굴어 사회적 물의를 일으키기도 한다.

치심이란 어리석은 마음을 말하는데 이것은 태생적인 문제점과 자라난 환경과 습득한 지식 때문에 발생하는 문제이므로 여간해서 고치기도 힘들고 자신이 알아차리기도 힘든 것이다. 태생적인 문제는 전생의 업에 의한 육도윤회에서 생기는 문제이므로 어쩔 수 없다고 할 수밖에 없지만 현생의 본인입장에서 보면 참으로 눈물 나는 고달픈 삶이 될 수밖에 없다. 우리가 잘 아는 홍길동전 저자 허균의 누이동생인 허난설헌이 오죽 답답한 삶을 살았으면 "나에게 후회되는 일이 세 가지인데 조선에서 태어난 것 여자로 태어난 것 지금의 남편과 결혼한 것"이라고 넋두리를 했을까. 조선에서 태어나고 여자로 태어난 것은 어쩔 수 없는 전생의 업이지만 지금의 남편을 만난 것은 조선의 그 당시 풍속에 의한 삶의 한 형태이지만 그것 또한 본인의 의지와는 거리가 먼 불가항력적인 요인이다. 그래서 어디에 태어나서 어떠한 환경에서 자라며 어떠한 교육을 받고 성장하느냐에 따라 어리석은 지식이 쌓이게 되면 자기도 모르게 악업을 짓는 경우가 많고 그래서 죄업이 본인도 모르게 자꾸 쌓여 가는 불행한 일이 벌어지는 것이다. 부처님에게 칼을 들고 덤비는 앙굴리말라 이야기는 너무나 유명한 이야기다. 남을 죽이는 게 적선하는 일이라고 잘못 배운 탓에 살인에 대해 전혀 죄의식을 갖지 못하는 인간의 머리는 컴퓨터에 잘못된 코딩을 하는 거랑 하나도 다른 게 없다. 그래서 올바른 길을 배우지 않으면 뭐가 옳은지 그른지 모르는 인간이 되고 만다. 그래서 부처님께서는 팔정도를 설하신 것이다.

팔정도를 알아야만 올바른 마음과 행동을 할 수 있는 것이다. 여덟 가지 바른길이란 정견 똑바로 보는 것 즉 올바른 사고와 견해를 가질 것, 정사유 즉 올바른 생각을 항상 할 것, 정어 즉 나쁜 말을 하지 말고 오직 올바른 말을 할 것, 정업 즉 올바른 직업을 가지고 바른 행동을 하여 나쁜 업을 만들지 말 것, 정명 즉 분수에 맞는 생활을 하여 몸과 마음을 깨끗하게 유지할 것, 정정진 즉 착한 마음과 행동을 하기 위해 부단히 노력할 것, 정념 즉 삿된 마음이 생기지 않게 올바른 마음만 낼 것, 정정 즉 올바른 선정에 드는 것이다. 항상 팔정도를 생각하고 열심히 정진하면 올바른 마음과 행동을 할 수 있게 되므로 악업을 짓지 않고 선업을 쌓아서 괴로움에도 벗어나고 좋은 곳으로 윤회하게 된다. 부처님께서는 생의 괴로움에서 벗어나기 위해서는 사법인을 알아야 된다고 말씀하셨다. 이제 사법인에 대해서 알아보기로 하자.

사법인이란

제행무상 제법무아 일체개고 열반적정을 말하는데 하나씩 설명해 보도록 하겠다. 제행무상이란 이 우주 법계에 그 어떠한 것도 항상 그대로 있는 것은 없다. 끊임없이 변하는 것이 진리다. 왜냐하면 모든 생기는 것들은 다 인연에 의하여 생기고 또 인연 따라 없어지기도 하고 변하기도 하기 때문이다. 그러므로 제행무상이란 인연법이란 말의 다른 표현이라고 할 수 있다. 인연은 쉬지 않고 일어나고 끊임없이 변하기 때문이다. 모든 것은 지나간다. 존재도 일순간이요 현상도 금방 변하고 만다. 아무리 좋은 것도 일순간이요 아무리 나쁜 것도 금방 지나간다. 우리의 감각이 느끼는 시각과 시간 개념에 우리가 익숙해져 살아가기 때문에 영원할 것처럼 보이고 같은 것처럼 보이지만 우주가 개벽한 이래 꼭 같은 것은 그 어떤 것도 없다. 시시각각 변하는 것이 인연법이요 그러므로 제행무상이다. 그래서 부처님께서는 영원한 것에 집착하지 말라고 말씀하셨는데, 사람들은 좋은 것은 영원했으면 하고 바라는 마음 때문에 제행무상을 허무로 생각하고 고통으로 받아들인다. 그러나 여기서 우리는 생각을 조금만 바꾸면 부처님의 참뜻을 알게 되어 즐거움으로 받아들일 수 있다. 변한다는 게 얼마나 좋은 것이냐. 좋은 것이 더 좋아지게 변할 수도 있으며 나쁜 것이 좋아지게 변할 수도 있기 때문에 우리는 희망을 가지고 살아갈 수 있다. 꽃이 좋다고 지지 않고 있다면 열매를 먹을 수 없다. 꽃이 진다고 허무를 생각하지 말고 꽃 떨어진 자리에 열매가 열리고 열매는 자라서 맛있는 과일이 되고 씨앗은 다시 싹이 터고 자라서 또다시 꽃이 피고. 얼마나 멋진 우주의 인연법이냐. 그러므로 제행무상은 허무가 아니고 희망이고 즐거움을 주는 현상인 것이다. 매 순간 일어나는 이 모든 것이 우주개벽이래 다 처음 생기는 것이고 영원히 인연 따라 변해갈 것이기 때문이다. 그러므로 지금 이 순간 인연 따라 일어나는 모든 현상과 형상은 최초인 동시에 최후이며 끝인 동시에 새로운 시작으로 한없이 이어지는 게 우주 법계의 진리인 것이다.

제법무아도 이 우주 법계에 존재하는 그 어떤 것도 나라고 말할 수 있는 게 하나도 없다는 말씀이다. 이 말씀도 역시 인연법의 다른 표현에 불과하다. 모든 것이 인연에 따라 일어나는 에너지와 입자들의 이합집산 현상에 지나지 않고, 시시각각 변하기 때문에 나라고 할 게 아무것도 없다. 이렇게 생각하면 이 또한 우리들이 허무를 느끼게 되고, 그것을 괴로움으로 생각하는 우리들의 집착하는 마음 탓에 고통으로 받아들인다. 지금의 내가 나라고 생각하고 영원히 살았으면 싶은데 죽어 없어진다고 생각하니 허무한 마음도 들고 고통으로 생각되는 거다. 여기서도 부처님의 참뜻을 바로 알면 즐거움으로 받아들일 수 있다. 나라고 하는 것도 변한다는 사실이 얼마나 멋진 일이냐. 못난 내가 잘난 나로 바뀔 수 있다는 사실, 우주의 법칙, 인연법이 얼마나 좋으냐 말이다. 모든 존재는 변하고 존재의 시간이 비록 순간적이라 할지라도 좋은 인연을 만들어 나가면 나를 좋게 바꿀 수도 있다는 사실이 말이다. 이 또한 얼마나 희망적인 존재의 실상이냐. 존재와 시간에 대해서는 나중에 다시 이야기해 주도록 하겠다.

일체개고는 우주 법계의 모든 존재는 존재 그 자체가 괴로운 것이고 고통에 지나지 않는다는 의미인데 이것은 앞에서 이야기한 제행무상 제법무아가 괴로움의 대상이라고 한 데서 생긴 잘못된 생각이다. 제행무상 제법무아가 즐거움의 대상이라고 생각하는 순간 일체개고는 사라지는 개념이다. 열반적정은 온갖 괴로움과 고통이 사라진 상태를 말하는데 처음 반야심경에 나오는 구경열반이란 말씀과 아뇩 다라 삼약 삼보리 심을 말하는 것으로서 마음에 아무런 잡념이 일어나지 않고 고요한 경지 즉 공의 경지를 말하는 것이라 하겠다. 이러한 경지에서는 모든 것이 멸한 상태라고 반야심경강설에서 언급한 바 있으니 다시 살펴보기 바란다. 이상과 같이 사법인을 알게 되어 괴로움과 고통에서 벗어나게 된다는 사실을 알게 되었지만, 우리와 같은 평범한 사람은 열반적정의 경지에 들어가기도 어렵지만, 설사 삼매에 들더라도 일상사에 얽매여 살아야 하는 우리들의 삶은 오래 그 자리에 머물고만 있을 수도 없다. 그러면 어떻게 해야 덜 괴롭고 더 마음 편한 삶을 영위할 수 있을까. 일상의 생활을 해나가다가 마음이 괴롭거나 힘들 때 부처님의 가르침을 상기하고 잠깐씩이나마 삼매에 들어 열반적정의 시간을 가져보면 고통을 쉽게 극복해나갈 수 있으리라 믿는다. 잠깐이라는 시간에 대해서 한번 정의하고 넘어가면 더 마음이 평안해지리라 생각한다. 의상스님이 지으신 법성게에 시간에 대해 이렇게 말씀하셨다. "무량원겁 즉 일념 일념즉시 무량겁"이라고. 아무리 긴 시간이라도 마음 한 순간이요 한 순간의 마음에도 무한한 시간을 담을 수 있다고. 겁이 얼마나 긴 시간 인지는 이미 말했지. 여기서는 한 겁도 아니고 무량한 겁이라고 했으니 얼마나 긴 시간인지 말해 무엇하랴. 시간의 상대적인 것은 이미 내가 상대성 이론에서도 말한 적 있지. 성경에도 천년이 하루 같고 하루가 천년 같다고 시편에 쓰여 있지. 재미있는 이야기로는 삼국유사에 나오는 조신의 꿈이 있으니 한번 찾아서 읽어보면 상대적 시간이 어떤 것인지 느끼게 될 거다. 시간이란 과연 어떤 것인지 한번 살펴보자.

시간이란?

우리들이 알고 있는 과학적인 시간은 잘 알다시피
빛이 달리는 거리를 기준으로 만들었다. 빛이 약 30
만 km를 달리는 시간을 1초라고 정의해서 사용하고
있는데, 현재의 원자시계는 세슘원자가 약 92억 번
진동하는 걸 1초라고 하고 있다. 과학자들은 더 정
확한 시간이 필요하다면서 앞으로는 이터븀(이테르
븀)의 진동수를 표준으로 삼아서 원자시계를 만든다
고 하는데, 이 원자의 진동수는 자그마치 1초에 518
조 3000억 번이라니 정말 시간이란 무엇일까 다시
한번 생각하게 한다. 사람이 많이 살아야 백년 정도

약 32억 초밖에 안 되는 데 비하면 원자의 세계는 짧은 시간일까 긴 시간일까. 빛이 빠르다고는 해도 태양의 내부에서 수소의 핵융합에 의해 만들어진 감마선이 태양의 표면까지 나오면서 가시광선으로 바뀌는 데는 자그마치 17만 년이 걸린다고 한다. 지금 우리가 보고 있는 이 빛은 그 옛날 17만 년 전에 만들어진 것이라니 이래저래 물리적인 시간은 우리를 더 곤혹스럽게 한다. 우리에게 정말 중요하고도 실감나는 시간은 아무래도 인식의 문제요 관념상의 시간개념이라고 말할 수 있겠다. 그래서 일념이 무한한 시간이고 한없이 긴 시간도 한 순간의 마음에 지나지 않는다고 한 것 같다. 고통과 괴로움이 소멸되는 열반적정에 머무는 시간도 이와 같은 시간 개념을 적용하면 누구나 느껴 볼 수 있는 경지가 되리라 생각된다.

명상의 시간을 가져보자

명상이란 무엇인지에 대한 말과 수행법은 이루 말할 수 없이 많고, 상업적인 시장 규모도 엄청나게 크다고 하니, 예나 지금이나 사람들의 삶이란 골치 아픈 것임에 틀림없고, 그러기에 거기에서 벗어나고자 하는 몸부림도 현대에 와서 더 심해진 것 같기도 하다. 명상을 멍때림에 비유해서 요즈음에 아무 생각 없이 멍하게 있는 상태를 연출하는 사람도 있지만, 불교식으로 하면 화두를 들고 화두에 몰입해서 모든 생각을 다 잊어버리는 상태를 말하고, 서양식으로는 생각에 몰두해서 잡념을 잊고 지금 생각하는 그것에

만 집중하는 상태를 말한다. 어느 것이나 삼매경에 빠진 상태를 말하는 것 같다. 누구나 경험해 보지만 삼매경에 들면 나도 잊고 시간 가는 줄도 모르고 오직 현재 행하고 있는 행위나 생각에만 머물게 된다. 나쁜 일이나 악한 생각에도 빠질 수 있고, 선한 일과 선한 생각에도 빠질 수 있기 때문에 명상에 들 때는 좋은 일 좋은 생각에 머물도록 해야 한다. 나쁜 일 나쁜 생각은 몸과 마음을 망치고 악업을 짓기 때문이다. 완전한 삼매경에 들어간 경지를 열반적정이라 한다. 비록 짧은 시간이라도 삼매에 들면 나를 잊어버리니 삶의 괴로움을 벗어날 수가 있다. 그러기 때문에 삶이 고달플 때마다 자주 삼매에 들어가서 삶의 에너지를 얻도록 하자. 부처님께서도 설법이나 다른 볼일이 없을 때는 늘 삼매에 들어가 계셨다고 한다. 열반적정의 경지는 어떤 경지인지 한번 살펴보고 가자.

열반적정의 경지

열반이란 산스크리트 언어 니르바나를 한문으로 옮긴 말이다. 니르바나는 불을 끄거나 불이 꺼진 상태를 말하는데, 불은 우리의 번민이나 괴로움을 의미하므로, 열반적정이란 온갖 생각이 소멸된 고요한 경지를 일컫는 말이다. 이러한 경지에 도달하려면 수행방법을 알고 수행을 해야만 된다고 한다. 열반적정에 얼마나 자주 얼마나 빨리 도달하며 얼마나 오래 머물 수 있느냐에 따라 수행의 상태를 알 수 있다고 하겠다. 부처님은 열반에 드시기를 사자가 덤불에 뛰어드는 모습과 같다고 하였다. 그만큼 빨리 쉽게 삼매에 드시는 모습을 표현한 것이다. 부처님은 사자에 자주 비유되신다. 부처님의 설법을 사자후라고 하는데 이는 사자가 뭇 짐승의 왕이기 때문이고 부처님도 뭇 중생의 왕이기 때문에 그렇게 비유한 것이다. 열반적정은 어떠한 것인지 우리의 몸과 마음과 물리적인 시간과의 관계를 놓고 한번 살펴보자. 법성게에 생사열반 상공화란 말이 나오는데 풀어쓰면 삶과 죽음과 열반은 항상 함께 일어나고 함께 존재하는 평형상태라는 뜻이다. 우리의 몸은 물리적 입장에서 보면 입자에서 출발하여 생성된 고분자 화합물의 집합체이므로 우리 몸의 모든 원자는 끊임없이 진동하고 있다. 그러므로 최소단위인 입자 원자 차원에서 바라보면 쉬지 않고 진동하고 있고, 진동하는 운동 모양을 떼어서 본다면 진동시작에서 최고 진동까지는 생으로 볼 수 있고, 최고 진동에서 수축으로 돌아서는 미묘한 순간은 정지 상태에 있다고 볼 수 있다. 이 짧은 미묘한 순간을 미분하면 아무것도 일어나지 않는 멈춤의 상태 즉 열반의 상태라고 할 수 있다. 다음에 일어나는 수축의 시간을 사

로 본다면 우리 몸의 원자 입자는 쉬지 않고 생사열
반을 거듭하고 일정한 시간을 각각 가지고 있으므로
생사열반 상공화라고 할 수 있다. 마음의 열반은 어
떠한가. 육신 속의 원자의 열반은 내 의지와는 상관
없이 일어나는 입자의 본래적인 운동에 지나지 않지
만 내 마음의 열반은 내 의지로서 언제 어디서나 들
어갈 수 있는 경지다. 수행의 경지에 따라 쉽게 들어
가고 오래 머물 수도 있고, 필요에 따라 잠시 잠깐 자
주 들어가서 쉬었다 나올 수 있는 열반적정의 자리
이다. 우리도 부처님처럼 쉽게 열반에 들어가서 고
달픈 인간사를 잊어 버리고 평안한 경지에 머물다가
해야 할 일이 있으면 열반에서 깨어나 다시 하던 일
을 하면 보다 인생을 덜 고달프고 멋지게 살아갈 수
있을 것이다. 불교 본래의 목적이 생로병사의 고달
픈 인생살이를 해결하기 위해서 부처님께서 발견하
신 우주의 진리 즉 인연법에서 보면 제법무아 제행
무상이니, 인연 따라 일어나는 이 만법을 고요히 관
찰하면 걱정하거나 고민하거나 고통스럽게 생각할
게 하나도 없다. 모든 게 마음먹기에 달렸다는 일체

유심조도 우리의 의식에서 일어나는 현상이므로 마음을 어떻게 쓰느냐에 달린 것이다. 집착심이 일어나면 괴로움이 일어나고 집중을 하면 삼매에 들어가게 된다. 집착심은 오욕 칠정 때문에 일어나므로 수행을 하여 잘 다스려야 한다. 인간의 몸으로 살아가기 위해서는 오욕 칠정을 하나도 안 가질 수야 없지만, 생존에 필요한 최소한의 기본 외에는 가지지 않도록 노력하는 게 수행이다. 우리가 잘 아는 법정스님은 평소에 글을 쓰시는 만년필이 하나 있었는데, 누가 선물을 해서 하나가 더 생기고 나서는, 만년필을 하나 더 가졌다는 그 사실에 대해 그렇게 마음을 쓰고 괴로워했다니 참으로 무소유에 집착하신 분이다. 그 또한 집착으로 보면 괴로움이 된다. 열반은 삼매경이요 삼매경에 들어가는 지름길은 집중이요 집중하는 방법은 염불을 하거나 화두를 들거나 하는 일에 심취하는 것이다. 독서 삼매경이란 말이 그냥 생겨났을 리는 없다. 정말 책을 집중해서 읽으면서 세상사 다 잊고 책에 푹 파묻힌 경험은 누구나 가지고 있다. 그러므로 우리는 마음먹기에 따라서 언제 어디서든 삼매에 들어가서 고달픈 인생사를 잠깐씩 벗어날 수 있다. 마음을 내고 노력만 하면.

차 한 잔에도
우주의 인연이 다 모여 있네

나는 지금 차를 한 잔 마시고 있다. 내가 차를 한잔 마시기 위해서는 차를 마시는 내가 있어야 하고 찻잔이 있어야 하고 차가 있어야 하고 물이 있어야 하고 물을 끓일 주전자가 있어야 하고 물을 끓이는 전기가 있어야 하고 그 외에도 차 숟가락 의자 탁자 공간 등 여러 인연이 모여야만 비로소 내가 차를 한잔 마실 수 있게 되는 것이다. 이 모든 인연이 지금 이 자리에서 뚝딱 생겨난 것이 아니다. 수없이 오랜 세월 불교에서 말하는 영겁의 세월이 아니더라도 적어도 지금의 이 우주의 나이로 볼 때도 137억 2천만 년의 세월을 지낸 인연으로 이렇게 마주 대할 수 있게 된 것이다. 하나하나에 대해서 그 인연의 깊이에 대해 생각을 하며 고마움과 감사한 마음을 내 보고자 한다. 우선 나부터 생각해보면 나는 수없는 인연과 윤회를 거듭하여 지금의 내가 있다. 비록 수 없는 전생이 있었다고는 해도, 또 수없는 내생이 있다고 해도 지금의 내가 현재의 모습으로 있기는 이 우주가 생긴 이래 딱 한번 처음 있는 일이다. 그러니 참으로 존귀한 내가 지금 차 한 잔을 마시고 있다.

찻잔을 어루만지며 이 잔이 여기 오기까지의 긴 시간과 인연을 생각하면 그 또한 얼마나 귀하고도 희귀한 일이랴. 빅뱅 이후 입자가 흙이 되고 그 흙이 도자기를 구울 수 있는 고령토가 되기까지 무수한 인연을 만났을 거고 드디어 그릇을 만드는 장인의 손을 만나 찻잔으로 빚어지고 여러 사람들의 손을 거쳐 내 손에까지 와서 이렇게 나와 마주하게 되다니 얼마나 대견한 인연이냐.

차는 또 어떠한 인연으로 나한테 왔을까. 오랜 세월 오랜 인연으로 차나무가 되고 잎이 열려 누군가의 손에 따여서 뜨거운 열기에 볶이고 볶여서 차가 되고 여러 사람들의 손을 거쳐 이렇게 맛있는 차가 되어주다니 이 얼마나 고마운 인연이냐.

차를 우려내는 이 물은 얼마나 많은 인연을 거쳐 여기 왔을까. 때로는 구름이 되고 비가 되고 얼음이 되고 우박도 되고 바다에도 있다가 땅에도 있다가 식물 속에도 들어가고 동물의 몸속에 있기도 했을 거고, 미인의 몸을 거치고 망나니의 몸에도 들어갔다가 나오기도 했을 거고 그야말로 수없는 인연을 만나고 거쳤을 것이다. 내가 지금 너를 마시면 내 몸속에서 내 몸의 각 세포에 각인된 온갖 코딩과 알고리즘에 의하여 여러 가지 작용을 하고 내 생존에 잠시나마 기여를 한 후에는 내 몸을 빠져나가 또 다른 인연을 만나겠지. 언제 또 너를 만나게 될지 모를 물 분자에게 고마운 마음을 표하마. 고맙다 물 분자여 잘 다니거라. 너는 온갖 좋은 일을 하고 다녀도 네 몸은 처음이나 똑같이 그대로이니 얼마나 신통한 일인지 감탄이 절로 나오네.

전기에너지는 어디서 와서 이렇게 물을 끓이고 있

는냐. 수력발전기에서 왔나 화력 아니면 원자력 아니면 태양열 풍력 어디에서 왔던 너를 만들기 위한 수많은 기계와 사람들이 수고를 하여 이렇게 따뜻한 차를 만들어 마실 수 있게 해준 온갖 인연들에 감사하고 전기에너지 너에게도 고맙게 생각한다.

전기화로나 전자레인지도 숟가락도 탁자 의자도 내 공간 내 집도 수없이 많은 인연과 수없이 많은 사람들의 노력으로 이루어진 결과로 지금 내가 차를 마실 수 있는 인연을 만들어 준 것이다. 사람이 살아가는데 차 한 잔 마시는 건 별 대수롭지 않은 사소한 일이건만, 이렇게 생각하고 따져 보니 얼마나 많은 인연과 인연들이 얽혀서 일어나는 고마운 일이라는 걸 느낄 수 있다. 그러고 보면 우리네 삶의 모든 행위와 일어나는 일들과 존재의 고마움이 온통 그대로 인연으로 이루어진 것을 깨닫고, 지금의 인연에 항상 감사하고 살아가야 함을 알면, 매 순간 행해지는 우리의 삶은 축복과 감사의 연속 속에 이루어진다고 하겠다.

천국과 지옥

천국이 어떠한 곳인지 지옥이 어떠한 곳인지 이렇
다 하고 만인이 공감하도록 보여 준 사람은 아직 없
다. 단테의 신곡에서 지옥 연옥 천국에 대해서 자세
히 묘사되어 있지만 그것은 어디까지나 단테 자신만
이 본 의식 세계일 뿐 누구도 같이 본 사람은 없다.
사람들은 누구나 죽어서 만약 가는 데가 천국과 지
옥 두 군데뿐이라면 모두가 천국을 가고 싶을 것이
다. 천국은 온갖 행복이 충만한 곳이고 지옥은 온갖
고통이 끊임없이 끝없이 이어지는 곳이라고 수천 년
동안 그렇게 교육되어진 탓에 모두가 그러한 생각을

하게 된 것이다. 이러한 생각을 하는 사람들의 마음을 파고든 것이 면죄부를 파는 행위인데, 중세의 기독교에서도 행하다가 마틴 루터한테 한방 세게 맞고는 없어졌는데, 지금도 사이비 종교 집단에서 저지른다고 가끔 지면을 장식하기도 한다. 살았을 때 온갖 잘못과 악행을 저지르고 죽을 때는 겁이 나는 것인지, 죽어서도 천국에 가고 싶어서 그러는지 몰라도, 천국행 티켓을 돈 받고 판다면 그 천국 주인이 올바른 천국을 건설해 놓았겠는지 한번쯤 의심을 해보아야 될 터인데, 더럭 돈으로 사겠다고 생각하는 인간들은 천국을 무슨 놀이동산처럼 생각하는지 한심하기 그지없다. 불교에서 전하는 이야기로는 누군가가 천국과 지옥을 가보니 차이가 없어 보여 이상하게 생각하고 있었는데, 식사 시간이 되니까 알게 되었다고 한다. 그곳에는 숟가락과 젓가락이 팔 길이보다 훨씬 커서 밥이나 반찬을 집어서 스스로는 먹을 수가 없는데, 천국의 사람들은 밥이나 반찬을 집어서 서로 상대에게 먹여주어 아무 문제없이 식사를 잘하고 있는데 반해, 지옥의 사람들은 제 입에 퍼

넣으려고 애를 쓰지만 잘 안되니 배는 고프고 짜증이 나서 고래고래 소리 지르고 길길이 날뛰고 한다는 거야. 요는 생각의 차이 즉 이타심과 이기심의 차이가 천국과 지옥의 차이라는 것이야. 천국이나 불국토가 있다면 이타심이 많은 사람은 그곳으로 태어날 것이고 이기심이 많은 중생은 지옥으로 가게 된다는 것이다. 죽어서 영혼이 되어 다음 생을 찾아갈 때, 자기가 좋아하는 색이나 파장 즉 의식의 한 형태인 아뢰야식이 천국과 지옥을 선택하므로, 자기가 살면서 지은 업대로 형성된 아뢰야식이 그렇게 판단을 하게 된다는 말이다. 그러므로 살아생전에 선행을 하면 천국으로 저절로 가게 되고 악행을 저지르면 저절로 지옥으로 가게 된다는 말이다. 염라대왕 앞에는 명경대라는 커다란 거울이 있는데 그 앞에 서면 일평생 지어온 행위가 파노라마처럼 펼쳐진다고 한다. 그걸 보고 염라대왕이 판단하여 지옥의 여러 단계 중 하나를 선택해서 지옥으로 보내거나 천국의 여러 단계 중에 하나를 선택해서 천국으로 보내준다고 한다는데 그것 또한 누가 보고 온 것도 아니다. 그러나 여기서 나는 염라대왕과 명경대를 현대의 인공지능과 5G의 개념으로 바꾸어 생각해보면 정말 있을 수 있는 현상이라고 생각된다. 염라대왕은 양자컴퓨터보다 더 진화된 우주지능(SI Space Intelligence)이고 명경대는 고기능 디스플레이어로 그 앞에 서면 전 생애의 모든 행위들이 AR, VR보다 더 선명한 화면으로 다 나타나게 될 거라고 생각된다. 현재의 기술 수준으로도 지문인식 얼굴인식으로 누군지 다 알고 온갖 검색을 다 할 수 있고 포랜식 기술로 지워버린 화면도 다 살려 내고 있지 않은가. 그러니 저승으로 가는 길목에 있는 염라대왕과 명경대는 반드시 있다고 생각할 수 있다. 누가 만든 게 아니고 우주가 생길 때 해와 달이 생기듯 자연적으로 생긴 것이며 그것의 쓰임새는 중생들의 업장이 만들어 낸 자연적인 현상의 결과라고 생각할 수 있다. 모든 중생들이 살아가면서 만들어내는 행위가 다 에너지의 한 형태이고 신호이므로 온 우주에 크라우드 형태로 저장되어 있는데, 명경대 앞에 서면 자동검색이 되어 생전에 한 행위가 단번에 다 나타나게 되고, 선행도 있고 악행도 있으므로 그 경중을 염라대왕이라고 불리우는 우주지능이 자동 계산하여 천국과 지옥을 선택해 주면 그곳으로 자동으로 미끄러져 들어가게 된다. 염라대왕은 우주지능이기 때문에 돈도 좋아하지 않으므로 면죄부도 소용없고, 교언영색도 통하지 않고 우주 법칙의 알고리즘에 의하여 움직이므로 냉정하지만 공정하다고 할 수 있다. 그리고 권태나 나태를 모르는 지능적 존재이므로 억만 겁을 그 자리를 지키고 있을 수 있다. 염라대왕이 겁이 난다면 내가 저지른 악행이 있기 때문에 그런 것이지 선행을 많이 한 사람이라면 염라대왕을 겁낼 이유가 하나도 없다. 인간 세상에서는 아무 죄도 없는 사람이 간혹 억울한 옥살이를 하는 경우도 더러 있지만, 염라대왕은 냉정하고도 정확한 판단을 내리므로 인간 세상 판사들보다 더 믿을 수 있다고 하겠다.

그러므로 죽어서 지옥으로 떨어질까 봐 걱정할 게 아니라 살아갈 때보다 많은 선행과 덕을 쌓으면서 살아갈 일이다.

일상생활 속에 일어나는
인연 살펴보기

인연이란 모든 존재와의 상호관계이며 상호작용이
고 이에 따라 일어나는 새로운 변화이며 현상이다.
끝없이 이어지며 변화될 뿐 결코 없어지는 법이 없
다. 시시각각 새로운 세상이 전개되는 항상 역동적
이며 희망적인 우주의 드라마가 인연으로 서로 얽혀
있는 이 현상이 우리들의 삶의 참모습이다. 우리들
의 모든 행위가 바로 결과로 나타나므로 무심코 습
관적으로 행해서는 안 되며 반드시 인과법에 따라
올 결과를 염두에 두고 행해야 한다. 온갖 행위가 다
그러하므로 일일이 다 말할 수는 없고 중요한 몇 가

지만 살펴보기로 하자.

건강에 대하여

사람은 누구나 건강하게 살아가기를 소원한다. 육체적으로도 건강해야 하고 정신적으로도 건강해야 완벽한 삶을 살아갈 수 있다. 누구나 소망하고 있지만 소망만 하고 방법을 알고도 실천을 게으르게 하거나 아예 어떻게 해야 하는지 몰라서 못 하는 사람도 있다. 가공식품을 많이 먹으면 나쁘다는 걸 알고도 먹는 사람은 전자에 속하고, 모르고 계속 먹어대는 사람은 후자에 속할 것이다. 가공식품은 맛에 있어서나 편리성에 있어서나 직접 요리를 해 먹는 집밥에 비하여 간편성 때문에 점점 소비가 증가하고 있는 추세다. 사람들이 해마다 살이 쪄 가고 있다. 지금의 전 지구적인 인간의 문제는 점점 비만 환자가 늘어가고 있다는 사실이다. 비만은 온갖 성인병의 온상이다. 이리하여 환자가 늘어나고 생산에 종사하는 사람은 줄어들면 인간 사회가 멸망하는 것은 이제 시간문제다. 귀하고도 중요한 우리의 몸은 온갖 재료로 구성되어 있다. 생명체는 본래 바다에서 태어나 진화를 거듭해 왔기 때문에 우리 몸은 대체적으로 바닷물의 온갖 무기물의 종류와 구성비가 비슷하다고 한다. 재료의 밸런스와 그것들의 유기적 관계를 현대의 과학지식으로 아직도 다 모르고, 완전히 다 아는 날은 오지 않을지도 모르지만, 분명한 것은 밸런스와 유기적 관계가 잘 맞아 돌아가면 건강하게 되는 것이고, 그것이 깨어지는 상태가 병들게 되는 현상이다. 그러므로 음식을 골고루 먹어 무기질 즉 미네랄을 일정하게 섭취해서 우리 몸의 밸런스와 재료의 유기적 관계가 잘 돌아가도록 하는 게 건강하게 사는 방법이다. 오랜 세월 동안 우리가 먹는 음식에 따라 우리의 몸은 그에 맞춰 진화해 왔는데 갑자기 근래에 와서 가공식품이 몸에 들어오니 우리의 몸이 미처 그 식품에 적응하지를 못해 생겨나는 부작용이 비만이다. 비만은 우리 몸이 쓰고 남은 재료들을 나중에 모자랄 때를 대비해 저장해 놓는 오랜 진화의 결과로 생긴 코딩과 알고리즘에 의하여 생기는 현상이다. 잉여 재료의 저장은 주로 지

방으로 전환하여 온몸 구석구석에 저장하다 보니 기
혈의 통행이 원활하지 못해 온갖 생체 기능이 떨어
지고 마비가 일어나 성인병이 생겨나게 되는 것이
다. 과잉의 영양은 우리 몸에 오히려 해가 되고 더구
나 과잉의 지방은 우리 몸에서 쓰레기가 되는 셈이
다. 이러한 사실을 직시하여 빨리 우리의 식습관을
바꾸지 않으면 하루하루 조금씩 살이 쪄서 머지않아
모두 비만 환자가 되어 성인병에 걸려서 드러누우
면 제일 힘든 사람은 환자 본인이겠지만 주위 사람
들도 힘들게 하고 의료보험 재정도 바닥내고 국가적
으로도 많은 문제가 생기게 된다. 그러므로 국민 한
사람 한 사람 모두가 건강하게 살아가는 게 자기 자
신을 위하는 길이고 나아가서는 나라를 위하는 길이
되는 것이다. 사람이란 버릇이나 생각을 바꾸기가
쉽지 않은 것이 어제도 괜찮았으니 오늘도 괜찮겠지
하는 얄팍한 믿음 때문이다. 손톱이나 머리카락 자
라는 걸 보면 어제나 오늘이나 별 차이 없어 보이지
만 열흘 쯤 지나서 보면 확연히 차이를 느끼게 된다.
맛있다고 자꾸 먹게 되면 한 번 두 번 먹을 때야 모

르겠지만 계속 먹게 되면 비만 환자가 되는 것은 시간문제다. 한번 비만 병에 걸리면 고치기 힘든 게 우리 몸의 생리 구조이니 아예 처음부터 걸리지 않게 건강한 식생활을 하는 게 제일 현명한 방법이다. 우리의 건강을 해치는 나쁜 인연으로는 흡연, 과도한 음주, 마약 등이 있다. 한 잔의 술은 약이란 말이 있듯이 혈액순환을 원활하게 해주고 기분을 고양시켜 시름을 달래주는 좋은 효능이 있지만, 절제하기 어려운 게 술이니 가능하면 안 마시는 게 건강을 위해서 좋다. 담배는 정말 백해무익한 물건인데 온갖 중생들 중에 사람만이 즐기는 고약하고도 무지한 습관이다. 흡연이야말로 자기 최면이고 습관에 의한 무의식적인 행동이다. 남자가 사춘기에 들어서면 제일 먼저 유혹에 빠지기 쉬운 게 담배 피우는 행위다. 스스로 멋있다고 생각하고 어른이 되어가는 길이라고 생각을 하기 때문이다. 이게 바로 자기 최면이고 자꾸 하게 되는 게 습관인 것이다. 그러므로 왜 피우는지를 곰곰이 생각해보면 금연을 쉽게 할 수가 있다. 도대체 피워야 할 이유를 찾을 수가 없기 때문이다.

생활이 풍요로워지고 권태로운 생활이 지속되다 보면 사람은 자기파멸의 길로 들어서는 도박이나 마약에 손을 댄다. 처음에야 호기심이나 심심해서 접해보겠지만 점차 마약 성분에 의한 생리적인 중독에 빠져들고 나아가 정신적인 중독과 의존증이 생기며 완전한 파멸의 길로 들어서서 폐인이 되거나 결국 죽음에 이르게 되는 것이다. 건강을 해치는 인연과 건강을 북돋아주는 인연을 찾아내어 해치는 인연은 당장 그만두고 증진시켜 주는 인연은 계속하는 습관을 길러야 한다. 대체적으로 다들 알고들 있고 또 여러 사람들이 권하는 것들 중에서 나쁜 것은 아예 손을 대지를 말고, 좋다는 것들은 내 건강에 도움이 되는지 적응해 봐서 좋은 것은 취하고 생활화하여 습관으로 길들여 놓으면 건강한 생활을 영위할 수 있을 것이다. 사람이란 참으로 이해하기 곤란한 짓을 한다. 병이 들면 나으려고 온갖 노력을 하고, 건강해지면 다시 병이 들도록 노력하는 것 같은 행동을 하는 걸 보면 말이다. 건강은 건강할 때 지켜야 하므로 매일 건강함을 감사하게 생각하면서 건강에 해가 되는 인연은 짓지 말아야 할 것이다.

화목한 가정을 유지하려면

명심보감에 나오는 가화만사성이란 문구를 입춘이 되면 대문에다 커다랗게 써 붙이고는 자신에게 다짐하는 풍속이 있다. 어떤 사람은 가훈으로 삼아 액자에 담아 거실 벽에 걸어놓기도 한다. 잘하자고 다짐하는 것은 현재는 잘 안되고 있다는 방증이기도 하다. 가화만사성 정말 훌륭한 말이다. 가족이 화목하게 잘 지내면 무슨 일이든 잘 이루어진다는 것은 틀림없는 사실이다. 국가도 마찬가지다. 국민들이 한마음 한뜻으로 한 방향으로 나아갈 때 나라는 흥하고 그렇지 않을 때는 나라는 혼란스럽고, 심지어 패가 나누어지면 내전으로까지 가서 나라가 망하기도 한다. 화목을 하려면 그 방법이야 간단하지만, 몰라서 못 하기도 하지만, 알아도 개개인의 알량한 자존심 때문에 실천 못 하는 경우가 많아 화목이 안 되는 경우가 대다수이다. 화목의 인연법은 이타심이다. 역지사지 심이다. 상대의 입장에서 생각하고 상대를 먼저 배려하고 공경하면 된다. 극락에서 밥을 서로 먹여 주듯이 현실에서도 서로 상대를 위하면 싸울 일이 없다. "가는 말이 고우면 오는 말도 곱다"라는 속담이 있듯이 먼저 고운 말을 하면 상대편도 고운 말로 화답하는 게 인지상정이다. 화목한 가정과 불화하는 가정이 따로 있는 게 아니고, 서로에게 잘하려고 노력하는 가정은 화목한 가정이 되는 것이고, 자기에게만 잘해주도록 바라는 사람들만 사는 가정은 불화한 가정이 될 수밖에 없다.

아웅다웅하는 집구석에 무슨 일인들 잘될 것인가.

생업에 대하여

사람이 일평생 살아가려면 반드시 일을 해야만 하는 게 에덴동산에서 쫓겨난 인간의 숙명이니 어쩌랴. 만약 에덴동산에서 계속 살았다면 먹는 걱정이야 안 하고 살아갈 수 있다고 해도 무슨 일을 하며 무슨 재미로 시간을 보내고 지내야 할지 생각해보면 아득해진다. 먹고사는 걱정 없이 살면 시간이 남아돌고 따분해지면 권태를 이기려고 타락밖에 더 하겠는가 하는 생각이 들면, 역시 사람은 노력해서 먹고 살아야만 일하는 재미가 있어 그럭저럭 한평생 살아 갈 수 있지 않을까 생각이 든다. 생업이 먹고살기 위해서 어쩔 수 없이 억지로 해야 하는 일이라고 많은 사람들이 그렇게 생각들을 하지만, 그러면 일이 힘들고 삶이 고달프다는 생각이 들게 된다. 가능한 생업을 택할 때에 즐겁게 일할 마음이 나는 업종을 찾아서 할 것이고, 만약에 하고 싶지 않은 일이지만 어쩔 수 없는 선택을 하여 그 일에 종사하게 될 때에는 즐거운 마음이 일어나도록 노력하는 게 내 마음도 편하고 일의 능률도 오르게 될 것이다. 감사하는 마음을 내면 더 행복해질 것이다. 이 일이 있으므로 내가 일할 수 있고 내 가족이 먹고살 수 있게 되었으니 감사합니다 하고.

일을 능률 있게 잘하려면 일이 잘 이루어지는 방법 즉 인연들을 배우거나 찾아내어 행하면 된다. 일마다 잘할 수 있는 고유한 노하우가 있으니 그것은 각자가 노력해서 찾아야 할 부분이다. 일상 속의 온갖 인연이 일어나고 사라지는 걸 여기서 다 열거할 수는 없다. 나의 일거수일투족 어느 것 하나 인연을 만들지 않는 것이 없고, 그 어떠한 것이든 인연 없이 일어나는 것은 아무것도 없다. 지은 대로 거두리라는 성경의 말씀도 좋은 인연을 지으면 좋은 결과가 일어날 것이고, 나쁜 인연을 만들면 나쁜 일이 생길 거라고 일러 주신 것이다. 무슨 일을 하던 항상 이렇게 하면 어떤 결과가 올까를 미리 예측해 보는 습관을 길러두는 게 좋다. 말을 할 때도 생각이 떠올랐다고 바로 말로 뱉지 말고 이 말이 상대편의 마음에 어떤 마음이 일어나게 될지를 한번 생각해 보고 말을 하는 습관이 몸에 배도록 해서 살아가면 좋을 것이다. 옛말에 자기 사랑 자기가 등에 짊어지고 다닌다고 한다. 내가 어떻게 인연을 짓는냐에 따라 결과가 나오기 때문이다. 항상 역지사지를 염두에 두고 살아가면 큰 실수는 하지 않고 살아갈 수가 있기 때문이다.

팬데믹이 뭐길래?

온 세상이 코로나로 팬데믹에 걸려 갈팡질팡하고 있다. 인류가 병이 왜 생기는지 어떻게 치료해야 하는지 모를 때 생겼던 현상이 지금처럼 고도로 의(醫) 과학이 발달한 현재에도 발생하는 이 현실이 참으로 곤혹스럽다. 코로나나 감기나 증상이 비슷하고 감기로 인한 사망률보다 더 높은 것도 아닌데 왜 이렇게 요란하게 대응을 하는지 아리송하다. 알파에서 시작하여 오미크론까지 왔으니 점점 발달 진화해 나가면 오메가까지 갈지도 모르는 일이다. 아마 그럴 가능성을 배제할 수 없을 거다. 감기처럼 바이러스로 인해서 생기는 병이기 때문이다. 인류가 생긴 이래 감기는 항상 있어왔고 사람들이 수시로 아파하고 낫고 하면서 감기와 공존해 오고 있다. 감기에 특효약이 있는가 물어보면 없다고 한다. 예방약이 있냐고 물어봐도 없다고 한다. 그저 대증 요법으로 고통을 완화해 주고 자체 면역력으로 이겨내서 감기가 낫고 또 시간이 지나서 몸이 약해지면 또 걸리고 또 이겨내서 낫고 그렇게 살아가는 게 지금까지의 우리네 삶이다. 감기도 바이러스로 인해서 생기고 코로나도 바이러스로 인해서 생긴다. 바이러스는 변이를 잘하는 종자인데 이놈의 본질은 생명체도 아니고 무생명체도 아니다. 숙주와 공생을 해야만 존재하는 놈이니 항상 더불어 같이 살아나갈 수밖에 없고 병으로 나타나지 않게 숙주가 자체 면역력으로 꼼짝 못하게 억제하고 살아가야 하는 숙명적인 관계다. 이러한 상태를 엔데믹이라고 하던데 보통 때는 이렇게 살아가고 있는 게 우리들의 삶이다. 이 역시 둘 사이의 관계이니 인연법에 의해서 생겨나고 존재하고 공생해 가는 것이다. 인연이 이루어져 가는 것은 말하자면 액션(action)에 대한 리액션(reaction)이 일어나는 관계라고 볼 수 있다. 그러니까 바이러스도 액션 즉 치료약이나 백신에 대항하여 리액션 하는 과정이 변이를 일으키면서 새로운 종자로 번식해 가는 것이다. 말하자면 진화를 하는 셈인데 어떤 이는 바이러스도 자기가 살기 위해서 변이를 일으킨다고 하지만 바이러스가 무슨 생각이 있는 것도 아니고 완전한 생명체도 아니고 숙주에 기생해야만 증식할 수 있기 때문에 외부 조건에 의해 일으키는 반응적 현상이라고 보는 게 맞다고 생각한다. 그러므로 바이러스에 의한 병은 완전한 퇴치는 불가능하고 단지 억제할 뿐이다. 숙주인 내 몸을 튼튼하게 하여 면역력을 왕성하게 보유하는 방법이 최상의 바이러스 퇴치 방법이라고 생각한다. 자연은 우리가 알고 있는 것보다는 아직도 모르고 있는 게 더 많다고 본다. 여러 가지 알 수 없는 요인에 의하여 팬데믹이 일어나기고도 하고 사라지기도 한다. 잡초를 관찰해 보면 봄에 쇠뜨기가 무성하게 나는 해에는 다른 잡초들은 거의 없다시피 적게 난다. 쇠뜨기의 독성이나 극성에 치여 발아를 못 하는지, 쇠뜨기가 잘 자라는 환경에서는 다른 잡초들은 발아를 해도 잘 자라지 못하는지는 모르겠지만, 어쨌거나 식물의 세계에도 팬데믹 현상은 나타난다. 앞으로 수많은 연구를 하여 원인을 완전하게 아는 날 바이러스에 의한 펜데믹 현상이 없어질 날이 올지 모르겠지만, 그날이 오기까지는 바이러스와 더불어 살아가되 발병이 안 되도록 최고의 건강을 유지하는 길이 왕도라고 생각한다. 팬데믹은 공포심에서 오고 엔데믹은 여여 한 마음에서 생기는 것이다. 팬데믹으로 살아갈 것인지 엔데믹으로 살아갈 것인지는 코로나 바이러스가 결정할 문제라기보다 우리들이 선택할 마음의 문제가 아닐까 생각해 본다.

일을 하지 않고 살아가게 된다면
뭘로 살아갈까

인공지능과 로봇기술이 날로 눈부시게 발전하고 있다. 머지않아 인조인간이 등장할 날이 올 것이다. 유전자 조작으로 만들든 소재개발을 해서 만들든 사람과 구별이 안 될 정도로 만들어 낼 것이다. 그것들이 인간을 대신해서 모든 일을 다 한다면 사람들은 무슨 일을 하면서 살게 될까. 낙관적으로 이야기하는 사람들은 증기기관이 발명되고 나서 기계가 많은 일을 하는 바람에 실업자가 엄청나게 생기고 불안을 느낀 노동자가 기계를 부수는 소동이 일어나고 했지만, 그 이후에 다른 새로운 일자리가 더 많이 생기지 않았느냐고 하면서, 걱정은 붙들어 매라면서 낙관론을 펼치고 있는데, 과연 그 주장대로 새로운 일자리가 생기게 되면 다행이지만 그렇게 되지 않을까 걱정스럽다. 인공지능에 의한 완전 자동화와 생각하는 로봇이 사람처럼 일하는 시대가 될 터인데, 걱정을 안 해도 될 새로운 일자리를 과연 사람들이 만들어 낼 수 있을까. 할 일이 없어도 먹고사는 데 지장이 없을 정도로 기본 소득제가 생겨서 놀기만 하면서 산다고 가정해보면 미래는 더욱 걱정스럽고 암울하기까지 하다. 과거 역사에서도 그런 시대가 있었었다. 로마 제국이 식민지에서 잡아온 사람들을 노예로 삼아 모든 일을 시키고 로마 시민들은 할 일이 없으니 반정부적인 행동을 할까봐 오락에 빠지도록 한 적이 있었다. 콜로세움이란 놀이터를 만들어 놓고 허구한 날 싸움 경기를 시키고 관람하게 만들어 정신적으로나 육체적으로 중독에 빠뜨려 놓았다. 그렇게 타락한 나라가 망하지 않는 게 이상하지 않을까. 결국 오래지 않아 로마제국은 멸망하고 말았다. 사람은 여러 가지 일을 하기도하고 놀기도 하고 잠도 자는 시간도 가지면서 하루하루 살아간다. 그런데 할 일이 없어지면 노는 데 시간을 할당할 수밖에 없어 놀고 잠자고 하면서 살아가게 된다면 즐거운 삶 행복한 삶이 될 수 있을까. 현재 일에 지친 사람이 생각하면 그거 정말 신나는 세상이라고 하겠지만 몇 달이고 몇 년이고 그렇게 살면 아마 지겨워 삶의 의미를 상실하고 괴로워할지도 모른다. 정말 아무리 놀아도 지겹지 않고 즐거움만 주는 놀이가 있을까. 사람마다 다르지만 게임을 좋아하는 사람도 있고 도박을 좋아하는 사람도 있고 스포츠를 좋아하는 사람도 있다. 서양에서는 놀이를 레크리에이션이라고 한다. 일을 하다가 지치면 잠시 쉬어가기 위한 놀이로서 기분 전환도 하고 다시 열심히 일할 체력을 얻기 위한 여가선용을 말한다. 그야말로 재창조의 시간을 만드는 것이다. 그런데 생업으로서의 할 일이 없어지면 놀이로서 시간을 보내게 될 것이다. 지금도 인터넷 도박이 큰 문제가 되고 있는데 아무 할 일이 없는 미래에는 대다수의 사람들이 다 할지도 모른다. 도박은 정신적으로나 육체적으로나 중독성이 매우

강하므로 패가망신하는 경우가 많다. 재미있다는 게 임도 도박에 가깝고 장차 메타버스가 상용화되고 기술이 발달하면 현실 세계인지 가상 세계인지도 모르고 거기에 빠져 살게 될지도 모를 일이다. 메타버스와 리얼돌과 인간들이 함께 노는 공간이 유토피아일지 디스토피아일지 아직은 누구도 모른다마는 아마 호모사피엔스가 멸종하는 일이 일어날지도 모른다. 그러한 혼미한 세상에 대비하여 더욱 부처님의 인연법을 널리 인지시켜 인과 연의 관계를 항상 숙지하여 행동하도록 자신에게 다짐하고 자식에게 교육하고 타인에게도 전파해야만 한다. 어떠한 미래가 전개된다고 해도 인연법을 확실하게 알고 실천해 나가면 항상 자기 자신을 욕망으로부터 절제할 수 있을 것이다.

재가 불자들을 위한
부처님의 가르침

부처님 경전의 대부분은 출가 수행자들을 위한 것이
지만 재가 불자들을 위해서 말씀하신 것을 모아놓은
경전도 적지만 전해진다. 그 당시에는 말씀하신 것
을 외워서 전하는 방식으로 전해 오다가 부처님 열
반 후에 결집을 해서 불경을 펴냈는데, 아무래도 스
님들이 자기들의 수행에 필요한 말씀만 암기하다 보
니 재가불자들을 위한 말씀은 적게 전해진 것 같다
고 한다. 불교가 융성하기 위해서는 스님들도 많아
야 하겠지만 재가 불자들도 많아야 된다. 재가 불자
들이란 부처님 말씀을 따르려고 노력을 하지만 평소

에는 나와 가족과 사회를 위해 치열한 생의 현장을 살아가야 하는 생활인이다. 이러한 불자들을 위해서 어떻게 해야 행복한 삶을 살아갈 수가 있는지 가르침을 주신 경이 있으니 선생경 옥야경 부모은중경 등이 있다. 선생경은 예절에 관해서 말씀하신 것이고, 옥야경은 부부가 지켜야 할 도리에 대해서 말씀해 주신 것이고, 부모은중경은 자식의 도리에 대해서 말씀하신 것이다. 부처님은 재산을 늘리고 가족을 잘 보살피는 방법까지 가르쳐 주셨다. 재물을 모으데 남에게 피해를 주지 말고 정당하게 모으며, 어떻게 하면 재산을 늘릴 수 있는지 묻는 사람에게 그 방법까지 자세히 말씀해 주셨다. 수입의 절반은 재투자를 하고 반의반은 생활비로 쓰고 반의반은 저축을 하라고 하셨다. 현재의 재테크에도 딱 맞는 말씀을 하신 것이다. 이와 같이 부처님은 자상하게 일반 불자들이나 보통 사람들 누구나 묻는 말에 질문자의 근기에 맞는 답을 주신 것이다. 그러므로 보통의 불자들은 부처님의 가르침대로 생활인으로서의 삶을 열심히 사는 게 가르침에 보답하는 길이다. 가족을 위해서 돈도 열심히 벌고 화목한 가정을 이루고 어려운 사람에게 능력껏 도움도 주고 살아가면 그게 보살의 길이다. 이렇게 살아가는 사람은 후생에 극락에 태어나거나 좋은 환경에 환생하여 다음 생에는 더 복되게 살아간다고 말씀하셨다.

수행이란 무엇인가

수행이란 자기 향상을 위하여 노력하는 행위를 말하는 것이다. 우리가 배우는 일반적인 학문이 식을 확인하는 과정이라면 수행은 인식의 확장을 의미하며 득도란 일반적인 식이 없어진 자리를 말한다. 자기란 나를 일컫는 말이며 나에게는 육신과 영혼이 있는데 이 둘의 향상을 위하여 노력하는 중생은 사람밖에 없다. 다른 중생들도 살아가기 위한 방편으로 육신의 향상을 위하여 부단히 노력하며 살아가고 있지만 정신이나 영혼의 향상을 위하여 수행하지는 못한다. 인간과 유사하다는 영장류도 정신 수행하는 걸 아직까지 보았다는 사람이 없다. 오직 인간만이 할 수 있는 수행에 대해서 살펴보자.

수행에는 수없이 많은 방법이 있는데 종교마다 다 다르고 나라마다 지역마다 민족마다 다 다르다. 세분하면 집단마다 다 다르다고 할 수 있고 그 방법 또한 다 다르지만 추구하는 목표는 대동소이 하다고 하겠다. 자기 향상과 자기가 믿는 신이나 신의 말씀 즉 교리에 가장 가깝게 다가가려는 노력 더 나아가 합일이 되는 경지까지 추구하는 것이라 할 수 있다.

육신의 단련만을 위해서라면 운동을 열심히 해야겠지만, 정신 수행을 하기 위해서 육신의 자세를 바꾸는 행위는 수행의 기초다. 정신과 육체는 분리된 것처럼 보이기도 하지만 따로 떼어서 생각할 수도 없는 불가분의 존재이므로 수행의 기초는 육신의 자세를 바로 하는 데서부터 출발하는 게 대개의 종교에서 공통점이라 할 수 있다. 건전한 정신에서 건전한 육체가 오고 건전한 육체에서 건전한 정신이 오기 때문이다. 불교에서는 가부좌를 틀고 눈은 반쯤 뜨고 전방 다섯 자쯤에 시선을 고정하고 화두를 든

다. 시선을 의식해서도 안 되지만 시선에 매달려서
도 안 된다. 그러면서 오직 화두일념으로 정진하는
게 불교적 수행법이다.

이렇게 화두에만 골몰하게 되어 어느 순간 화두와
내가 일치하는 순간 내가 화두인지 화두가 나인지
구분이 되지 않는 순간 깨달음이 온다고 한다.

이와 같이 수행을 한다고 하는 것을 현대적인 인
공지능 개념인 코딩과 알고리즘으로 설명해 보면 수
행에 적합한 자세를 취하는 것과 화두를 드는 행위
는 내 의식에 새로운 코딩을 하는 것과 같고 이로 인
해 내 의식에 새로운 알고리즘이 형성되어 평소의
의식과는 다른 의식 세계의 경지에 도달하면 그게
깨달음의 경지가 되는 거라고 생각한다. 이러한 경
지에 도달한 수행자는 자기도 모르게 그 경지를 읊
는데 기독교에서는 방언으로 표현하고 불교에서는
오도송으로 나타내기도 한다. 이러한 경지를 체득한
수행자는 새로운 삶을 살아가게 된다. 왜냐하면 이
미 자기의 의식세계는 과거와는 다른 알고리즘이 형
성되었기 때문이다. 이와 같이 수행이란 자기를 변

화시키고 향상시키는 것이므로, 종교적이든 아니든
보다 나은 삶을 위하여 우리는 매일 수행을 하면서
살아가면, 나날이 새로운 더 나은 삶을 살아갈 수가
있으므로 항상 수행하며 살아가면 좋을 것이다.

일상적인 행복한 삶이란
어떤 걸 말하는 걸까?

우리는 모두가 행복을 원하고 행복한 삶을 추구하느라 매일 매일 열심히 살고 있고, 행복에 대한 나름대로의 정의와 환상을 가지고 있지만 행복을 느끼며 살아가는 사람은 많지 않은 것 같다. 왜 그럴까? 그것은 아마 누릴 줄을 모르기 때문일지도 모른다. 어떠한 것을 어떻게 누려야 될지를 알아야 행복을 누릴 수 있을 것이다. 어떠한 것이 행복을 주는 것일까? 내가 가진 모든 것과 내 주위의 모든 것들이 다 내 행복의 원천임을 알고 그것들에 대한 감사의 마음을 일으키는 것이 최초로 가져야 할 마음가짐이다. 감사하는 마음 고마운 마음은 대상을 위해서가 아니고 내가 행복하기 위해서다. 우리는 너무 과한 행복만을 추구하는 나머지 일상의 사소하고 평범한 일이나 대상에는 고마움을 못 느끼고 살아간다. 코로나 때문에 이전의 평상시 삶이 다 무너진 지금에서야 평범했던 그 일상적인 삶이 비로소 행복이었음을 이제야 깨닫기 시작한다. 있을 때는 귀중한 줄 모르다가 없어봐야 그 소중함을 아는 우리들의 인식을 바꾸지 않으면 이러한 일은 언제나 일어나고 후회를 동반하게 될 것이다. "있을 때 잘해 후회하지 말고"라는 유행가를 잘 음미하는 것도 평상의 행복이 큰 행복임을 알게 되는 한 방법이겠다. 룻소도 '에밀'에서 어린 에밀이 언제 죽어도 후회 없도록 향락을 누리며 살아야 된다고 강조한다. 사실 사람이란 언제 죽을지 아무도 모르면서 언제나 살 것처럼 현재를 등한시하고 살아간다. 내일의 꿈과 희망도 중요하지만, 내일을 준비하기 위해서 오늘을 열심히 살아가야 하는 것도 중요하지만, 그것은 그것대로 노력해야 하지만, 내일 죽어도 여한이 없도록 오늘의 행복을 누리면서 살아가야 된다는 말이다. 여기서 말하는 향락이란 자기가 가지고 있는 것들 자기가 할 수 있는 현실적인 것들을 감사히 여기며 즐거움을 누리는 걸 말한다. 자기가 가지고 있지 않은 것을 억지로 누리려고 애쓰는 것은 향락이 아니고 탐욕인 것이며 그것은 도덕과 법의 문란을 동반하기 쉬우므로 절대로 그런 향락은 추구해서는 안 된다고 룻소는 강조하고 있다. 향락이란 글자 그대로 낙을 누린다는 뜻이다. 언뜻 잘 못 생각으로는 향락이란 말은 무책임하고 퇴폐적이고 게으른 행위를 연상하게 되지만 룻소는 순수한 즐거움을 누리는 걸 권장하고 있다. 소년은 소년 시절의 즐거움이 있을 것이고 청년은 청년대로 장년은 장년대로 중년도 노년도 그 나름대로의 참다운 즐거움이 있으니 그걸 마음껏 누리면서 살아가야 언제 죽어도 여한이 없을 것이라고 강조한 것이다.

　이러한 일상의 삶이 인연법과 무슨 연관이 있을까 말할지도 모르지만, 우리의 삶 자체가 온갖 인연에 얽혀서 일어나는 현상이기 때문이다. 좋은 인연을 지으면 좋은 삶이 오고 그것은 바로 즐거움이 되기 때문이다. 좋은 인연은 좋은 생각 즉 착하고 도덕적인 생각에서 오는 것임을 항상 명심하고 살아가야 매일매일이 즐거운 삶이 되고 즐거움을 누리는 삶이 되는 것이다. 얼마 전 영국 BBC 방송을 보다가 산골에서 외로이 홀로 사는 어느 할머니가 한 말이 심금을 울려 소개해 볼까 한다. 취재하는 기자가 현재 행복하시냐고 물으니 '행복은 모르겠고 만족한 삶은 살고 있다'라고 대답한다. 자기가 좋아서 선택한 오지 생활이고 육체적으로 힘은 들지만 현재의 생활에 만족하며 산다고. 만족이란 자기가 설정한 욕심이 크지 않아 언제든 충족할 수 있다는 의미이고, 그 충족에 대해 감사하는 마음 즐거운 마음이 충만할 때 만족감을 누리게 되며, 그 기분이 어떠한지는 누리는 사람만이 안다고 하겠다. 마치 깨달음을 얻은 자만이 그 경지를 알 수 있는 것처럼. 행복 만족 즐거움 다 같은 의미 아닌가요?

삶의 에너지는 무엇이며
어디에서 오는가

산다는 것은 즐거운 일이다. 살아 있다는 것에 감사하고 오늘도 이렇게 살아갈 수 있다는 것에 감사하며 살아가는 이 힘이 바로 삶의 에너지다. 한마디로 '개똥밭에 굴러도 이승이 저승보다 낫다'라는 말이 삶의 중요성을 웅변하고 있다. 오늘은 비록 힘들더라도 내일은 오늘보다 좋아질 거라는 희망이 있고, 어쩌면 생각지도 못한 행운이 찾아올지도 모른다는 막연한 기대도 있기 때문이다. 불교에서는 이 세상을 사바세계라고 한다. 사바세계란 어렵고 힘들고 고달픈 삶이지만, 가끔 찾아오는 낙이 있기 때문에 그럭저럭 살아갈 수 있는 세상이란 뜻이라고 말한다. 누구나 자기가 꿈꾸는 세상이 있고 그 꿈을 실현시키려고 마음을 내고 노력을 하는 그것이 삶의 에너지다. 우리의 삶은 이 몸이 살아 있으므로 일어나는 현상이다. 이 몸은 정신과 육체로 이루어져 있고 정신과 육체는 상호 의존적 관계이므로 삶의 에너지도 상호의존적이다. 육체가 건강해야 강한 에너지가 나오고 정신이 강인해야 삶의 욕구가 강하게 솟아난다. 에너지가 다 소진되어 아무 의욕도 없고 기진맥진한 상태를 두고 영어로 번 아웃이라고 하는데, 그야말로 완전히 에너지가 다 타고 없어 소진된 상태를 말하는데, 이러한 현상에 도달하면 막다른 길을 가는 잘못을 범하는 짓을 하기도 한다. 이러한 상태에 도달해서는 안 되며 만약에 그러한 일이 발생해 아무런 삶의 의욕이 없어질 때는 억지로라도 의욕을 일으켜야 한다. 목적의식을 가지고 목표를 정하고 살아가야 할 이유를 만들어야 한다. 영화 '벤허'를 보면 주인공 벤허가 살아야 할 이유를 증오에서 찾아내 분노와 증오가 그의 삶의 에너지가 되는 것을 본다. 그는 그 힘들고 죽을 고비를 분노와 증오로 참고 견디며 살아낸다. 나중에는 용서와 아량으로 그의 삶의 에너지가 바뀌어 목자로서 살아가지만, 어쨌거나 어떠한 상황에 처하더라도 그때마다 삶의 목표와 어떠한 에너지든 에너지가 있어야만 살아갈 수가 있다는 말이다.

이러한 강인한 정신적 에너지도 육체적인 에너지가 없으면 일어날 수 없다.

육체적인 에너지 발생은 어디에서 오는가 하면 우리의 육신과 먹거리에 의해서 생성된다. 좋은 먹거리 즉 영양소가 풍부하고 열량이 높은 음식을 먹어야 하고 이 음식을 잘 소화를 시켜 에너지를 발생하기 위해서는 오장육부가 튼튼해야 된다. 영양을 말하자면 잘 알다시피 삼대영양소로 탄수화물과 지방과 단백질이 있고 각종 비타민과 미네랄이 있다. 이 모든 영양소를 필요한 양만큼 항상 잘 섭취해야만 우리 몸을 잘 유지시켜 나갈 수가 있다. 탄수화물은 비만의 근원이 된다고 기피하지만 직접적인 에너지의 근원이 되므로 적당히 먹어야지 그렇지 않으면 기운이 생기지 않아 우울해질 수도 있다. 지방도 적당히 섭취해야만 지방에 녹는 영양물질을 활용해서 몸에 활력을 불어넣어 준다. 제일 중요한 것은 단백질이다. 우리 몸을 구성하는 기본요소가 단백질이고 우리 몸이 만들어내는 여러 가지 물질 즉 호르몬 등 온갖 분비물의 기본재료가 단백질로 구성되어 있으므로 항상 충분히 섭취해야만 정상적인 삶을 살아갈 수가 있기 때문이다. 제2차 세계 대전 때 런던의 애기 엄마들이 신경질적이 되고 자식들을 학대하는 일이 발생하여 원인을 캐보니 고기를 못 먹어 단백질 부족으로 모성 호르몬이 생성되지 않아서 그렇게 되었다는 것을 학자들이 밝혀냈다고 한다. 우리의 몸에서는 기분을 좋게 하는 물질도 만들어 내지만, 우울하게 하거나 신경질적이 되거나 화를 내게 하거나 폭력적인 행동을 일으키게 하는 물질들도 만들어내는데 이는 외부의 자극이나 영양공급 과부족에 의해서 만들어 진다고 한다. 요즈음 사소한 자극에도 폭력적으로 변하는 사람들이 많이 늘어나는 현상은 영양의 과부족 때문에 일어나는 것으로 볼 수 있다. 이상하게도 똑같이 내 몸에서 만들어낸 물질인데도 기분 좋은 물질은 빨리 소진되고 기분을 나쁘게 하는 물질은 소진되는 데 오랜 시간이 소모된다. 이는 개체의 자기 보호를 위한 알고리즘 탓으로 그렇게 진화해 왔기 때문인 것 같다. 그러므로 이 삶이 즐겁고 행복하기 위해서는 심신을 건강하게 해주는 인연들만 모아 모아서 생활하도록 해야 한다. 음식을 골고루 잘 챙겨서 먹고 잘 소화시키도록 운동도 열심히 하고 일도 열심히 하면서 지금의 이 삶에 감사하며 살아가는 게 답이다.

아인슈타인의 우주관과
공의 관계

"우주는 끝이 없다. 그러나 한계는 있다"는 아인슈타인의 이 말을 막연하게 물리적 공간적으로만 생각해서, 우주는 현대의 천체물리학을 통해서 보니 끝은 안 보이니 없는 것 같고 보이는 것까지만 우주라고 하자 이런 말로만 여겨 왔는데 불교의 공을 도입해서 생각해 보자. 물리학에서도 아무것도 존재하지 않는 공간을 진공이라고 한다. 그러나 아무리 진공 펌프로 진공을 만든다고 해도 완전한 진공은 만들 수가 없다고 한다. 그런데 아인슈타인은 원자의 내부 공간 즉 양성자와 전자사이의 공간은 완전한 진공이라고 말했다. 전자가 양성자 주위를 돌아가는 보어의 원자개념은 지금은 확률론으로 수정되고 있다. 즉 전자장 내에서 전자가 발생하는 것은 확률에 의해서 생겨나므로 딱히 확정 지을 수가 없다는 것이 현재의 이론이다. 그래서 불확정성 원리가 생겨나고 위치를 파악하려면 운동량을 알 수가 없고 운동량을 재려면 위치를 알 수 없다고 한다. 아인슈타인이 말한 진공은 불교에서 말하는 공과 같다고 볼 수 있다. 어쩌면 아인슈타인은 불교의 공을 이미 알고 있었기 때문에 원자의 내부가 진공이라고 말했을지 모른다. 원자 내부의 전자장에서 일어나는 전자의 출현과, 불교에서 말하는 공에서 알 수 없는 인연에 의해 화엄세계가 열리고 그 화엄세계가 인연이다하면 다시 공으로 돌아가는 끝없는 윤회의 수레바퀴와 너무나 같다고 할 수 있기 때문일 것이다. 공으로 돌아간 순간에 보는 우주는 끝이 없고 전자가 생긴 순간에 보는 우주는 한계가 지어진다는 의미로 "우주는 끝이 없다. 그러나 한계는 있다"라고 말한 것일 것 같다. 부처님은 삼매에서 직관으로 보신 것

이고 아인슈타인은 상상과 이론으로 깨친 것이라 할
수 있다.

공과 부처의 관계

공이란 어떠한 상태를 말하는 걸까. 공을 보았다는 선사들은 그것을 오도송으로 남겼는데 선사마다 다르고 일반사람들은 알아듣기 힘들고 난해해서 어떻게 해석하고 어떻게 받아들여야 할지 모른다고 말할 수밖에 없다. 의상스님이 지은 법성게에 의하면 이름도 없고 모양도 없고 모든 것들과 단절된 상태라고 한다. 단절된 상태인데 어떻게 알 수 있는지 모순된 말 같지만 선사들의 깨달음의 경지는 가보지 않았으니 단정 지어서 말할 수는 없겠다. 아인슈타인이 말한 원자 내부의 공간으로 다시 가서 살펴보

자. 원자 내부의 진공상태에서 전자가 나타나고 사라지기를 끝없이 반복하는 공간이 공과 같고 우주의 공간과 규모만 다를 뿐 현상은 같다고 해도 크게 다를 바 없다고 본다. 법성게에도 한 티끌 속에 우주를 품었다고 했으니 크기만 다를 뿐 원리는 같다고 볼 수 있다. 그 진공상태 즉 공은 어떠한 상태인지 여러 가지 말들을 새겨 보고 비교해 보면 우리도 어렴풋이나마 짐작은 해볼 수 있을 것 같다. 우선 아무것도 없지만 또는 없는 것처럼 보이지만 뭐가 생겼다가 사라지는 현상이 생기는 걸 보면 에너지 장임에 틀림없다. 안 보이고 잘 모른다고 해서 암흑 물질이라 하고 암흑에너지라고도 하고 있지만 추측만 할 뿐 아무도 밝혀낸 게 아니다. 우주 전체의 보이는 것들을 제하고 남은 질량을 계산해서 보니 전 우주의 80% 이상이 암흑 물질이라고 주장한다. 암흑 물질이라니 우주가 검게 보이니 그렇게 말하는 것인지, 잘 모른다는 의미로 말하는 것인지는 모르겠지만, 실체는 안 보이고 무색투명한 에너지의 장이라고 할 수 있다. 공에서 전자가 생기고 사라지니 우주의 본

질이고 우리의 본질 본래 자리이다. 전자뿐만 아니라 양성자도 내부 구조는 전자가 생기는 공간과 다를 바 없는 진공상태이다. 단지 전하만 다를 뿐 장의 음양의 기운 즉 음양의 장이 다를 뿐 생기고 사라지는 현상은 같다고 하겠다. 양성자와 전자가 공존하는 것이 원자이며 원자에서 모든 물질이 생기는 출발점이 되고 우리도 그 한 부분이니 공은 우리의 본래의 근원적인 자리다. 이 자리에 대해서 불교에선 광명을 뜻하는 비로자나불이라 하고 대일여래라고 한다. 기독교에서도 밝은 곳이라고 찬송가에서 "낮빛보다 더 밝은 천당"이라고 한다. 우리의 육안으로는 너무 밝아서 볼 수 없는 자리임이 틀림없다. 에너지가 충만해서 생성과 소멸이 순간적으로 일어나는 자리이니 우리의 감각기관으로는 알 수 없기에 짐작만 할 뿐이고 말로써도 설명할 수 없으니 언어도단의 경지라고 하는 것이겠다. 이 자리가 바로 부처의 자리이고 우리도 부처가 될 수 있다는 걸 말하고 있다. 대일여래란 말을 풀어보면 대일은 큰 해니까 큰 광명을 말하고 여래란 오고 감이 여여 하다 즉 항상 그와 같이 일어나는 일이다. 우주는 시작도 끝도 없지만 항상 존재하고 부처님도 항상 계시고 나도 항상 존재한다. 다만 인연에 따라 달리 보일 뿐.

부처님이 반야심경을
설하신 까닭

부처님이 깨달음을 성취한 후 삼매에서 보신 이 우주의 장엄한 드라마를 한마디로 표현하신 말씀이 저 유명한 "이것이 있으므로 저것이 있고 저것이 없어지면 이것도 없어진다"라는 인연법이다. 생 노 병 사가 중생의 가장 큰 고통이며 피할 수 없는 숙명인데 이 역시 인연에 의해 생겨난다는 걸 가르치시고 여기서 벗어나는 방법으로 사성제 팔정도 십이연기를 차례로 설하시고 마지막으로 가르치신 게 반야심경이다. 사성제 팔정도 십이연기(앞에서 언급했으므로 다시 한 번 살펴보기 바람)만 이해하고 수행해도 인생의 고뇌에서 벗어날 수 있는데 왜 또 육바라밀을 말씀하시고 육바라밀의 제일 마지막 반야바라밀을 수행하라고 반야심경을 설하셨을까. 부처님께서 깨달음을 얻으실 때 보신 이 우주의 실체가 공에서 화엄세계가 펼쳐지면서 인연 따라 모든 게 생기고 소멸하는 너무나 드라마틱한 이 현상을 보시고, 이것이 정말인지 의심이 들어 자리를 옮겨가면서 이레 동안 일곱 번 삼매에 드시면서, 일곱 번 일곱 겹의 비슷한 현상을 보시고 과거 칠불까지도 다 만나시고 과거생도 다 보시고는 이것이 확실한 진리임을 확신을 한 후에, 이 깨달음이 참임을 확신하시고는 말씀하시고 설하신 것이 인연법이란다. 그 당시 인도에는 힌두교가 있어서(지금도 불교 신자보다 힌두교 신자들이 더 많다. 앞에서도 언급했듯이 사람들은 신에게 의존하는 습성이 있으므로) 사람들이 이 우주의 모든 것은 신들이 다 관장하는 거라고 철석같이 믿고 있는데, 처음부터 공에서 모든 것이 생겨난다고 하는 반야심경을 말하면 어느 누가 알아듣고 믿겠는가. 그래서 차근차근 사성제로서 인생의 고통을 이해시키고 그 원인으로서 십이연기법을 말씀하시고 벗어나는 방법으로 팔정도를 설하신 것이다. 제자들 중에서 팔정도를 잘 수행해서 이제는 공을 설명해도 알아들을 수 있겠구나 판단하시어 관세음 보살을 시켜 사리자에게 설한 게 반야심경이야. 반야심경을 다 이해하고 증득해서 공과 화엄세계와의 관계를 동시에 보는 자리에 앉은 이를 부처라고 한다고 법성게에서 궁좌실제 중도상 구래부동 명위불이라고 했다. 누구나 공즉시색 색즉시공을 증득하면 부처가 된다는 말씀이 얼마나 위대하고 위대하냐. 모두가 부처가 될 수 있다는 사실이, 단번에 인생의 고에서 벗어나게 된다는 게 진리라니 얼마나 멋지고 황홀한 경지냐. 공을 알면 본래 고라는 건 없다는 사실이 우리를 번뇌에서 해방시켜 주고 자유롭게 해 준다. 공에는 본래 고도 없고 깨달음도 없다고 하셨으니 부처님은 위대하다. 자기마저 부정했으니.

일상의 삶과
반야심경의 공

우리의 일상의 삶은 색의 세계이다. 중력이 지배하
는 세계이고 뉴턴 법칙에 따라 돌아가는 세계다. 양
자역학이 생기면서 아원자 세계의 입자들은 뉴턴 법
칙으로 설명할 수 없어서 양자역학의 여러 이론들이
생기기도 했지만 빛도 중력에 끌리고 별들이 부서져
사라질 때 즉 물질이 사라질 때 생기는 중력파가 중
력에 끌려오는 현상도 최근에 측정했다고 한다. 이
이론을 내 일찍이 발표했을 때 사람들이 미심쩍어했
지만 이제는 다 증명이 되었다고 하니 흐뭇하구나.

빛이든 입자든 존재한다는 것은 색이다. 우리가

눈으로 볼 수 없다는 것이지 실체를 가지므로 아무리 작든 아무리 크든 다 중력의 법칙 즉 뉴턴의 법칙에 지배받고 지배될 수밖에 없다. 즉 상호작용, 인연법에 따라 상생하는 세계가 색의 세계이고, 이 색의 세계 가운데서 오감으로 쉽게 인지할 수 있는 세계가 우리들의 일상의 삶의 세계이다. 일상의 삶이란 생로병사 때문에 일어나는 우리들의 보통의 생활이다. 온갖 일들이 시시각각 인연 따라 일어나는 이 화엄세상의 모든 사건과 우리들이 가지고 있는 오감에 의해 인지되고 그로 인하여 일어나는 내 마음의 희로애락으로 인한 갈등의 삶이 우리들의 일상의 삶이다. 이 괴로움의 세계를 한순간에 벗어나는 법을 가르쳐 주신 게 반야심경 설법이다. 공의 세계에는 시간도 없고 오온도 없어지니 자연적으로 오감도 없어지니 고도 낙도 없는 세계이니 들어서는 순간 아무런 근심 걱정이 없어지니 얼마나 근사한 세계냐. 이 근사한 세계가 우리의 일상 삶에서 매 순간 일어나고 있다. 우리 몸은 물질 즉 원자로 이루어져 있고 원자의 세계는 색과 공 즉 입자의 생성과 소멸이 끊임없이 일어나고 있다고 노벨상 수상자 파인만이 이미 증명한 사실이기도 하다. 일상에서는 측정하기도 어렵고 느낄 수도 없는 지극히 짧은 순간이기 때문에 우리는 모르고 산다. 그러나 수행을 해서 무량원겁 즉일념 일념즉시 무량겁의 경지를 알게 되면 우리는 곧바로 공의 경지에 도달하고 머물 수 있다고 설하신 게 반야심경이다.

현대 과학을 동원하여 겨우 설명할 수 있는 현상을 부처님께서는 2500년경 전에 수행을 통하여 삼매에서 바로 증득했다는 사실이 놀랍고, 누구나 그렇게 할 수 있다고, 누구나 부처의 종자를 가지고 있고, 누구나 수행하면 그렇게 될 수 있다고 하셨으니 참으로 위대한 발견을 하신 것이다. 중생의 고통을 한 말씀으로 다 해결하신 것이다. 그러므로 우리들은 일상의 행복한 삶을 위해서 선하고 좋은 인연을 지어가며 행복한 삶을 살아가면서 수행도 하고 반야심경의 말씀을 내 삶의 일부로 함께 하면 어려운 상황이 오더라도 쉽게 극복해나갈 수가 있을 것이다.

동체대비심과
일심동체

동체대비심이란 보살심을 말한다. 보살심이란 상구
보리심과 하화 중생심을 뜻하는 말로 먼저 깨달음
을 얻고 나서 동시에 중생을 교화해 나가는 자리이
타의 사상이다. 즉 부처와 중생이 둘이 아니고 별개
가 아니고 같은 일심동체라는 말이다. 공과 색이 서
로 다르지 아니하고 색이 곧 공이고 공이 곧 색이라
는 반야심경의 그 말씀이란 말이다. 둘은 별개가 아
닌 완전한 하나의 경지다. 이 경지를 터득한 뒤에야
비로소 우리는 일심동체라는 말을 쓸 수 있다. 지극
히 종교의 차원인 이 말이 세속에서 잘 못 쓰이고 잘

못 해석되어서 가끔 살아가는 데 혼란을 겪기도 한
다. 예를 들면 주례사에서 부부가 합심하여 잘 살아
가라는 말로서 "오늘부터 일심동체가 되었으므로…"
라는 주례하시는 분의 말씀에 부부는 일심동체라는
단어에 매료되어 정말 한 마음 한 몸이 된 양 착각하
여 살아가다 보면 어느 날부터 의견 충돌이 생기면
서 회의에 젖어들게 된다. 보살이 아닌 평범한 사람
들이 어떻게 일심동체가 될 수 있겠는가. 부부는 이
심이체가 분명하다는 사실을 빨리 인지하고 상대의
의견과 인격을 인정하고 존중하는 법을 배우고 실천
하는 것이 현실적인 현명한 삶이라는 사실을 알아야
한다.

종교심과
현세 삶과의 조화

윤회는 정말 있는 것인가 하고 물어오면 육도가 있
는 한 반드시 있다고 말해 줄 수 있다. 왜냐하면 육
도는 공에서 왔고 공과 다르지 아니하다지만 오온으
로 이루어진 이 화엄세계는 인연으로 생성되고 변화
되어가므로 육도는 분명히 존재하고 있고 영원히 변
화무쌍하게 존재할 것이다. 그 속에서 인연 따라 육
도를 끊임없이 돌아다니게 되는 것은 물질론으로 보
아도 맞는 말이라 할 수밖에 없다. 물질이라고 하면
언뜻 생각하기에 이 육체를 떠올려 이 육신이 죽으
면 없어지는데 어떻게 윤회를 한단 말인가 하고 의

심할 수밖에 없지만, 앞에서도 언급했지만 우리가 인지하는 물질은 공의 움직임에서 생긴 에너지에서 빛이 생기고 빛의 에너지가 온갖 소립자로 변화되고 그 소립자들이 이합집산 해서 원자도 되고 분자로 발전하고 또한 이것들이 인연 따라 이합집산을 하여 고분자를 거쳐 생명현상까지 생기게 된 것이 이 육신의 실상이다. 이 고분자의 생명현상이 생기게 되는 것은 각 과정마다 자기증식에 필요한 알고리즘이 생겨서 변화 발전하는 것이다. 모든 중생들이 다 몸을 가지고 유지 발전 시켜 가는 것이 다 그 나름대로의 알고리즘이 있기 때문이다. 그러므로 몸이 변화하면 알고리즘도 그에 맞게 변하기 마련이다. 그러면 이 알고리즘이 왜 생기며 어디에서 오는 것인가. 알고리즘이 생기려면 우선 코딩이 있어야만 된다. 코딩은 상대가 알아듣게 교육을 시키는 것이므로 이 역시 상대적이다. 코딩을 받는 자가 있으면 시키는 자가 있다는 것이므로 상호관계적인 현상이다. 상호관계란 인과 연이 만나서 상호작용을 한다는 의미다. 자연의 어떠한 존재도 상호관계이며 의존적이므로 서로 주고받고 즉 상호 코딩을 한다는 것이며 알고리즘 역시 이와 마찬가지로 자연 발생적인 현상이다. 우리 몸을 구성하는 모든 것들 하나하나가 다 상호 의존적이며 정보를 주고받고 하는 모든 현상들이 다 자연적으로 서로 존재하기 위한 알고리즘으로 얽혀 있기 때문에 자동으로 척척 잘 돌아가면서 생명현상을 유지 발전 하고 있다. 이 우주의 모든 삼라만상이 다 나름대로의 알고리즘을 갖고 존재하고 있다. 우리는 일반적으로 코딩과 알고리즘은 우리 인간들이 컴퓨터 더 나아가 인공지능에 인위적으로 행하는 것으로 알고 있지만, 넓게 생각해서 보면 자연적이든 인위적인 것이든 상호 관계 속에서 일어나는 현상일 뿐이다. 즉 아인 수 타인인 동시에 타인 수 아인의 현상인 인연법의 법주에 불과하다. 그러므로 우리는 현재의 내 몸이 없어지더라도 다음 생 즉 육도윤회를 하고 다른 생명으로 다시 태어나 끝없는 삶을 살아갈 것이다. 내 몸은 우주적 알고리즘에 의하여 지수화풍으로 이루어져 있고 현생의 인연이 다하면 다시 지수화풍으로 흩어졌다가 다시 내생의 인연으로 지수화풍을 끌어모아 다시 새로운 육신으로 살아가게 된다. 그 씨앗이 아뢰야식이고 이 전체의 우주적 드라마가 우주의 알고리즘에 의하여 끝없이 이어져 왔고 끝없이 이어질 것이다. 그러므로 우리는 왜 선업을 지으면서 살아야 하는지 그 이유가 명백해진 것이다. 부처님도 깨달음을 얻으신 후 한평생 설하신 말씀 중에 대부분이 선업을 지으라고 당부하신 것이다. 사성제 팔정도 육바라밀도 다 선업을 짓기 위한 방편으로 하신 말씀이고, 다만 반야심경은 살면서 정 고달플 때 이 우주의 법이 공이므로 이 공법을 깨달으면 고란 본래 근원적으로 없는 것이니 그 즉시 아뇩다라 삼약 삼보리심을 얻게 되어 열반에 들게 된다는 걸 가르쳐 주신 것이 부처님이 우리에게 반야심경을 설하신 까닭이며 목적이다.

관조와 명상

고통은 무엇이며 행복은 무엇인가. 사람은 누구나 본능적으로 고통은 피하려고 하고 행복은 누리고 싶어 한다. 고통을 벗어나려고 온갖 노력을 다하고 고통을 벗어나는 순간 우리는 행복감을 느낀다. 그러나 우리의 마음은 시간이 지나면서 그 상태가 지속하면서 습관이 되면 행복감이 소멸되어 잊게 되고 또 다른 행복감을 찾아 마음은 헤매고 다닌다. 이러한 마음 때문에 행복은 일시적인 현상이고 항상 추구하면서도 항상 행복한 마음이 되지 못한다. 그래서 우리들의 마음은 항상 불안하고 쫓기듯 쫓아가듯 살아간다. 여기서 벗어나고자 명상과 관조가 생겼고 멍때리기라는 이상한 수행법도 등장했다. 아무 생각이 없는 것이 고통에서 벗어나는 길이라면 완전한 멍때리기도 좋은 방법이라고 할 수도 있다. 명상과 관조를 하는 목적은 비슷한 점이 많아서 그런지 영어로는 둘 다 Meditation이라고 한다.

명상하는 것은 수행과 같아서 각 종교마다 독특한 방법들이 있고, 현대에 와서는 정신 치료용으로 의사나 일반 사람들도 나름대로 방법을 개발하여 거의 상업화하고 있고, 세계적으로 시장 규모가 어마어마하게 크고 해마다 수요가 늘어난다니 사람들은 누구나 마음의 평온을 추구하고 싶어 하나 보다. 평소에는 나를 의식하고 나를 강조하고 잘난 나를 만들기 위해 열심히 노력하는데, 명상으로 나를 잊기 위해서 애쓰는 이 나는 진정 무엇이란 말인가.

수행을 위한 마음가짐

수행뿐만 아니라 무슨 일을 하든지 절실해야 한다. 건성으로 해서 잘 이루어지는 일은 하나도 없다. 꼭 성취하고야 말겠다는 처절한 각오가 없으면 안 된다. 아무리 뛰어난 스승이 가르쳐 준다고 해도 본인이 열심히 받아들이지 않으면 아무런 결실이 없다. 흔히 드는 비유법으로 비 올 때 그릇을 똑바로 세워 놓지 않고 엎어 놓으면 아무리 비가 많이 와도 그릇에 물 한 방울 담기지 않는다. 비가 스승님의 가르침이라면 그릇은 내 마음이다. 내 마음을 닫아 버리면 그 어떤 훌륭한 가르침도 그야말로 우이독경이요 마

이동풍이다. 소에게 물을 먹이려고 개울가에 끌고갈
수는 있으나 물을 먹고 안 먹고는 순전히 소 마음에
달려 있는 거나 같다.

현명한 목동이라면 소가 갈증이 생길 때까지 기다
려야 한다. 배움에 있어서도 마찬가지다. 본인이 배
움에 대한 절실한 갈증이 일어나야만 성취할 수가
있다.

수행도 마찬가지다. 깨치고자 하는 절박한 마음이
일어나서 오매불망 화두에 매달리지 않는 한 깨달음
에 도달할 수는 없을 것이다. 부처님같이 전생인연
도 있고 근기를 가지신 분도 방법을 모르거나 지도
자를 잘못 만나서 몇 년간 고행만 하셨지 깨달음을
얻지 못하고 헤매다가, 마침내 스스로 터득하시여
성불하셨다는데, 보통의 수행자들은 운이 좋아 득도
한 분의 지도를 직접 받아 빨리 깨침을 얻기도 하고,
화두를 들거나 다른 여러 가지 방법으로 깨달음을
성취하기도 한다. 그래서 깨달음의 종류와 등급이
생기게 되었다고 한다. 최고의 경지는 부처님 또는
여래라고도 하고, 그 바로 아래가 아라한의 경지, 그

약간 아래가 아나함의 경지이고, 그다음이 사다함의
경지이고, 그다음이 수다원경지라 한다. 깨닫기 위
한 방법에 의해서 생긴 분류는 성문승 즉 부처님 말
씀을 많이 들어서 깨침의 경지에 도달한 분들을 말
하고, 연각승 또는 독각승이라고도 하는데 부처님의
인연법을 듣거나 홀로 인연법을 깨쳐서 깨달음을 성
취한 분들을 말하며, 보살승은 보살행을 많이 하여
깨달음을 성취한 분들을 말한다. 이외에도 불교에서
는 깨달음에 가는 단계마다 그 경지가 달라 많은 분
류와 명칭이 있다는데 다 알 필요는 없지만, 제일 중
요한 것은 공부한 만큼 수행한 만큼 그 경지가 오게
된다는 사실이 중요하다. 그러므로 크게 깨치고 싶
으면 크게 노력하고, 수행하면 나도 언젠가는 깨달
음을 얻게 된다는 확실한 믿음을 가지고 수행해야만
한다.

부처님 가르침의
참뜻을 알자

부처님의 가르침은 우리 인간들의 삶의 고통을 해소
해 주시기 위하여 말씀하신 것이다. 부처님의 가르
침은 지극히 현실적이고 실용적이다. 우리들이 실천
만 하면 곧바로 고통의 바다 즉 고해에서 벗어날 수
있는 가르침이다. 이해를 하기 쉽게 독화살에 맞은
사람을 어떻게 처치해야 되는지에 대해서 이렇게 비
유하신 적이 있다. 독화살은 인생의 고이고 독화살
을 맞은 사람은 우리들 중생이다. 부처님께서는 이
렇게 말씀하셨다. 얼른 독화살을 뽑고 약을 바르고
치료를 하는 게 우선해야 할 일이지, 이 독화살의 독

은 무엇이며 어디서 날아왔으며 독화살을 쏜 사람은 누구이며 왜 무슨 이유로 독화살을 쏘았는지 따지고 난 후에 치료를 하려 들면 환자는 죽고 말 것이다. 그러므로 중생의 고통을 빨리 치료하려면 즉시 고통의 원인을 제거하고 고통에서 벗어나는 방법을 가르쳐 주어야 한다. 그래서 사성제 즉, 고 집 멸 도를 설하시고 팔정도를 가르쳐 주신 것이다. 여덟 가지 바른길만 잘 숙지하고 인생길을 걸어가면 고통 없이 잘 살아갈 수 있다.

부처님은 인과법을 설하시고 윤회에 대해서 말씀을 하시기도 하고 전생과 내생에 대해서도 가끔씩 이야기를 하셨지만 누군가 사후세계에 대해서 물으면 대답을 하시지 않으셨다고 한다. 왜 그러셨을까. 육도 윤회는 하지만 사람마다 각자 지은 업이 다른데 한마디로 대답할 수가 없고, 어떤 한 사람의 내생을 설사 훤히 내다보신다 해도 바로 말해 줄 수는 없을 거라고 생각한다. 왜냐하면 그 사람이 어떤 말을 듣는 순간 그 생각에 매달려 일상의 삶을 제대로 살수가 없기 때문이고, 남은 인생 살아가면서 다른 업을 지으면 내생의 삶도 또 달라질 수 있기 때문이다. 육도 윤회라고 하지만 사람으로 태어난다고 해도 부잣집 개만도 못한 어려운 삶을 사는 사람도 숱하게 많은 게 세상살이다.

우리들은 현실을 제대로 살지도 못하면서 미래를 내다보고 쓸데없는 걱정을 하는 경우가 꾀 많다. 옛말에도 기우라는 말이 있듯이 현재에도 하늘이 무너질까 걱정하는 사람들이 있는데, 천문학자들이나 천체물리학자들은 이 우주가 언제 없어지거나 무너질지를 연구하고 있다. 어떤 학자들은 2천억 년 후에 붕괴될 거라 하고 또 다른 학자들은 갑자기 어느 순간에 파괴될 거라고 한다. 아무도 확실하게 아는 사람은 없다. 있을 수도 없고 알 수도 없다. 그러나 확실한 것은 시작이 있으면 과정이 있고 또 끝이 있게 마련이다. 그리고 끝은 또 다른 시작을 의미한다. 그래서 불교에서는 이 우주는 시작도 없고 끝도 없으며 여여 하게 존재하고 인연에 의하여 생멸을 거듭하지만, 그것은 단지 인연에 의한 변화의 모습일 뿐이다. 엄격하게 말하면 끝없는 현재만이 존재할 뿐이다. 과거나 미래는 우리의 인식이나 관념상의 문제이지 실재하는 것은 지금 이 순간뿐이다. 그러나 우리의 인식수준으로는 현재라고 하는 순간, 그 순간은 금방 과거가 되버리는 것 같이 느껴져서 현재를 느끼고 정의하기가 참으로 곤란하다.

인연 따라 끊임없이 일어나는 변화의 연속이 현재이고 지나가는 현재의 시간을 우리의 시간 개념에 의하여 과거라고 하고 미래라고 할 따름이다. 기우에 시간을 빼앗기지 말고 부처님의 정법 따라 생활하는 게 참다운 인생 보람 있는 삶이 될 것이다.

마치는 말

삶이란 인연의 연속적 과정이다. 인연이란 관계이며 변화이고 선택이며 끝없이 이어지고 주고받는 아인 수타인의 이야기다. 아인 수 타인과 타인 수 아인과의 관계 속에 상호 간에 코딩과 상호 간에 알고리즘이 형성되고 그에 따라 일어나는 존재는 또다시 인연 따라 생멸을 거듭한다. 존재하는 이 순간이 삶이고 그러므로 존재는 현실이고 현재다. 과거의 인연으로 여기까지 왔고 현재의 인연 따라 미래가 다가온다. 시간이란 끊임없는 현재인 동시에 과거로 흘러가고 미래로 다가간다. 현재 누리고 있는 이 결과물은 과거에 내가 지은 인연 따라 온 것이고 미래에 나타날 결과는 지금 내가 짓고 있는 인연 따라 나타날 것이다. 그러므로 현재의 시간이란 미래를 만들어 가는 인연의 순간순간인 것이다. 한 순간도 소홀하게 보낼 수 없는 귀중하고도 엄중한 줄을 알아야 한다. 길다면 긴 인생에서 항상 매 순간 긴장해서 살 수야 없겠지만, 인연의 엄중함을 깊이 깨달아 마음속에 담아두고, 행동할 때마다 되새기며 나쁜 인연 짓지 않고 선한 인연 지어가면, 인연의 엄중함을 모르고 살아가는 것보다 한결 잘 살아갈 수 있을 것이고, 선한 업이 많이 쌓이면 내세에는 더 좋은 곳으로 윤회하게 된다고 부처님께서 가르쳐 주셨으니 우리들은 그렇게 믿고 실천해야 한다. 윤회는 반드시 있고 자기가 지은 업보도 반드시 받는다. 우리가 전생을 기억 못 하고 현생의 기억을 가져가지는 못 하더라도 자기가 지은 과보는 반드시 자기가 받는다. 과거를 알고 싶으면 현재를 보고 미래를 알고 싶으면 현재의 자기 삶을 돌아보라는 말이 있다. 우리들의 주위를 한번 둘러보면 금세 이 말이 사실임을 알게 된다. 태어날 때부터 장애를 가지고 태어나 힘겹게 살아가는 사람들이나 살아가다가 알 수 없는 병으로 고생하면서 살아가는 사람들이 '세상에 이런 일이'란 방송에 소개될 때마다 전생의 업이 없다면 왜 그런 일이 생길 수 있을까 생각하게 한다. 본인이나 주위의 보호자는 "내가 전생에 무슨 죄를 지었길래 이 고생을 하나?" 하고 탄식하는 걸 듣게 된다. 정말 우리가 모르고 기억해낼 수 없어서 그렇지 전생의 업보가 아니면 그러한 힘든 일이 왜 자기에게 생겼는지 설명할 수 없는 현상들이다. 수행을 많이 한 사람 중에는 숙명통을 터득하여 자기의 전생뿐만 아니라 타인의 전생까지도 알 수 있다고 한다. 불경에서도 부처님께서 말할 수 없이 힘들어하는 사람이 고통을 호소하면 전생을 이야기해 주시면서 현재를 감내하고 과거생의 잘못을 참회하며 남은 생을 선업을 지으면서 살아가면 내생에는 좋은 과보를 받아 잘 살아가게 될 것이라고 하셨다. 이 우주가 한없이 있어왔고 한없이 변화무쌍하게 존재해 나갈 것은 이 우주 법계의 법이므로 우리도 어떻게 변해가든 끝없이 윤회하는 것은 자명한 일이다. 그것이 어떤 형태이고 어떠한 것인지는 단지 현재의 우리의 기술과 지각 능력으로 잘 모르고 이해하기 힘들 뿐이지 부인은 할 수 없는 법이다. 현재 우리들의 기술만 하더라도 내 전화번호를 알면 누구라도 나에게 전화를 걸 수 있다. 전화 신호의 종류가 아날로그도 있고 디지털도 있고 디지털에는 와이파이도 있고 모바일도 있다. 어떤 신호라도 나를 불러낼 수 있다. 지금의 지구상에는 수많은 전파가 동시에 돌아다녀도 서로 간섭받지 않고 자기가 가야 할 곳에 정확하게 찾아간다. 전파는 이전에는 그냥 하나의 파장으로만 알았는데 지금은 기술이 발달하여 전파의 형태까지 파악하는 단계까지 왔다고 한다. 전파마다 고유의 형태가 있어서 마치 사람의 지문처럼 다 다른 모양을 가지고 있다고 한다. 그래서 잘 살펴보면 이 전파가 어디를 거쳐 어디에 있다가 왔는지도 알 수 있다니, 참으로 인간의 기술 수준도 대단하지만 새삼 모든 존재는 꼭 같은 것이 없다는 우주의 인연법이 적용되지 않는 게 없다는 사실에 다시 한 번 놀랄 뿐이다.

이러한 전파의 인연 따라 변하는 특성을 감안하면 완전한 자율주행 차량을 만들기는 어쩌면 불가능할지도 모르겠다. 인간의 기술이 이러할진데 하물며 우주의 무궁무진한 신호야말로 우리들은 알 수가 없고 발휘되는 능력이야 짐작하기도 어렵다. 내가 지은 업장이 어떤 형태로 어떤 신호로 저장되며 시절 인연 따라 어떻게 발휘되는지 알 수 없지만, 살면서 나타나는 예기치 않은 일들은 전생에 지은 업보가 찾아왔다고밖에는 달리 설명할 길도 없다. 이제 우리들은 다행으로 부처님의 인연법과 반야심경을 알게 되었으므로, 선한 공덕을 지으면서 살아가면 현세의 삶도 즐겁게 살아갈 수 있고 내세에 좋은 곳에 태어나 복을 누리며 살아갈 것도 보장받으니 이보다 더 기쁜 일이 어디 있겠는가. 행여 살아가면서 어려운 일이나 나쁜 인연을 만나거나 전생에 지은 업보가 시절 인연 따라 발현되어서, 힘든 삶을 살아가는 경우가 생기더라도 반야심경을 생각하며 모든 것이 공에서 생긴 것이며 공의 자리에는 오온이 다 멸해서 온갖 고통이 사라진다고 하셨고, 공의 자리에 들어가려면 반야 바라밀다를 행하면 이루어진다고 하셨고, 그 방법은 일념으로 주문을 외워 삼매경에 이르면 공과 합일 즉 공이 된다고 하셨다. 공에는 오온도 없고 걱정해야 할 그 아무것도 없다고 한 반야심경을 다시 한 번 되새기면서, 현세뿐만 아니라 내세의 삶에서도 어려움에 처할 때마다 반야심경 주문을 외우면 바로 고통에서 벗어날 수 있다고 말씀하신 관자재 보살의 주문을 다 함께 따라 하자. 즉설 주왈 "가테 가테 파라가테 파라 삼가테 보디 스와하"